国家出版基金项目
NATIONAL PUBLICATION FOUNDATION

G7C 高校主题出版
GAOXIAO ZHUTI CHUBAN

"一带一路"系列丛书

"一带一路"国别概览

巴林

李向阳　总主编
李绍先　主　编

韩志斌等　编著　杨伟国　审定

大连海事大学出版社

图书在版编目(CIP)数据

巴林 / 韩志斌等编著. — 大连：大连海事大学出
版社，2018.11

("一带一路"国别概览 / 李向阳总主编)
国家出版基金项目
ISBN 978-7-5632-3736-4

Ⅰ.①巴… Ⅱ.①韩… Ⅲ.①巴林–概况 Ⅳ.
①K938.6

中国版本图书馆 CIP 数据核字(2018)第 263301 号

大连海事大学出版社出版

地址：大连市凌海路 1 号　邮编：116026　电话：0411-84728394　传真：0411-84727996
http://www.dmupress.com　E-mail:cbs@dmupress.com

大连海大印刷有限公司印装　　　　　　　　　大连海事大学出版社发行

2018 年 11 月第 1 版　　　　　　　　　　　　　2018 年 11 月第 1 次印刷
幅面尺寸：155 mm × 235 mm　　　　　　　　　　　　印数：1～3000 册
印张：12　　　　　　　　　　　　　　　　　　　　字数：177 千

出　版　人：徐华东　　　　　　　　　　　　　　项目策划：徐华东
责任编辑：杨　淼　　　　　　　　　　　　　　　责任校对：王　琴
　　　　　　　装帧设计：孟　冀　解瑶瑶　张爱妮

ISBN 978-7-5632-3736-4　　　　　　　　　　　　　　定价：60.00 元

"一带一路"国别概览

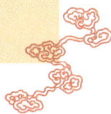

丛书编委会

► 主　任　李向阳

► 副主任　徐华东　李绍先　郑清典　李英健

► 委　员　李珍刚　姜振军　张淑兰
　　　　　　尚宇红　黄民兴　唐志超
　　　　　　滕成达　林晓阳　杨　淼

总序

　　2013年秋，国家主席习近平在哈萨克斯坦和印度尼西亚出访期间，先后提出共建"丝绸之路经济带"和"21世纪海上丝绸之路"的倡议，倡导共商、共建、共享理念，得到国际社会广泛关注和积极响应。"一带一路"倡议旨在积极发展与沿线国家的经济合作伙伴关系，共同打造政治互信、经济融合、文化包容的利益共同体、命运共同体和责任共同体。

　　"一带一路"倡议源自中国，更属于世界，它面向全球、陆海兼具、目的明确、路径清晰、参与方众、反响热烈。五年间，"一带一路"倡议从理念转化为行动，从愿景转变为现实，在顶层设计、政策沟通、设施联通、贸易畅通、资金融通、民心相通等方面都取得了显著的成果，为实现世界共同发展繁荣注入推动力量、增添不竭动力。目前，我国已与100多个国家和国际组织签署了共建"一带一路"合作文件。共建"一带一路"倡议及其核心理念被纳入联合国、二十国集团、亚太经合组织、上合组织等重要国际组织成果文件。

　　"一带一路"沿线国家地理地貌、风俗人情、经济发展、投资环境各不相同，极有必要对其进行系统的介绍和分析。此外，目前针对"一带一路"沿线国家的研究仍不够深入，缺少系统、整体的研究资料。大连海事大学出版社组织策划的"'一带一路'国别概览"丛书（首批65卷）适逢"一带一路"倡议提出五年后下一个阶段深入推进的需要之时，也填补了国内系统地介绍"一带一路"沿线国家国情的学术专著的空白，获得了国家出版基金项目资助，并入选教育部全国高校出版社主题出版选题。

　　"'一带一路'国别概览"丛书（首批65卷）联合中国社会科学院、北京大学、山东大学、宁夏大学、广西民族大学、上海对外经贸大学、黑龙江大学等多家高校及研究机构编写，并组织驻"一带一路"沿线65个国家的前大使对相关书稿进行审定。本套丛书不仅涵盖了各国地理、简史、政治、军事、文化、社会、外交、经济等方面的内容，突出了各国与丝绸之路或海上丝绸之路的历史渊源，力争为读者提供全景式的国情介绍，还从"一带一路"政策出发，引用实际案例详细阐述了中国与各国贸易情况及各国的投资环境，旨在为"一带一路"的推进提供强大的智力支持，加快科技成果转化，促进合作人才培养，帮助我国"走出去"的企业有效地防控风险，从而全方位地助推"一带一路"建设。

"'一带一路'国别概览"丛书（首批65卷）的顺利出版得益于大连海事大学出版社的精心策划和组织，也凝聚着百余位相关领域专家学者的心血，在此深表感谢。

国家主席习近平曾深情地说："'一带一路'建设承载着我们对美好生活的向往，将把每个国家、每个百姓的梦想凝结为共同愿望，让理想变为现实，让人民幸福安康。"我们也希望本套丛书可以为"一带一路"建设架起一座沟通的桥梁，推动"一带一路"倡议在沿线国家向更深远和平稳的方向发展。

"'一带一路'国别概览"丛书编委会

2018年6月

前言

　　巴林被称为"海湾的新娘子""波斯湾的珍珠",是阿拉伯世界面积最小、人口最稠密的国家之一。处于东西方文明交往中的巴林,在中东地区占有重要的历史地位。文明交往对巴林产生了深远的影响,驱使不同文明在巴林交融和碰撞,推动巴林社会的飞速演进与变迁,促进巴林文明在世界文明体系中的地位发生变化。

　　海湾文明交往的三大因素——阿拉伯的民族性、伊斯兰的宗教性、海湾的地缘性,与巴林对外交往的开放结构密不可分。阿拉伯民族与伊斯兰教作为海湾乃至中东的文明资源对巴林对外交往有着直接的影响;伊斯兰教一直在巴林的政治、法律、教育、日常生活等领域起着不可低估的作用;海湾作为海洋深入陆地地方的地缘性决定巴林地区政治、军事战略的优越性,其众多岛屿在航海业、商业和城市发展方面,在海湾地区都处于领先地位,这些因素都决定了其对外交往的开放性。巴林对外交往的开放性表现在以下方面:第一,在对外交往上,巴林一直努力与美欧等西方国家保持亲密联系;第二,巴林作为伊斯兰世界的一员,时刻注意本国的伊斯兰属性,特别是与海湾国家寻求睦邻友好;第三,巴林主动参与国际社会的世界性事务与活动。

　　巴林的经济交往战略具有以下特点:一是针对产业结构偏重石油经济的状况,兴办各种原材料加工工业,使经济发展多元化;二是利用有利的国际环境,大力发展以金融业为中心的第三产业;三是巴林经济自由度比较高。

　　中国与巴林有着密切友好的往来。1989年两国建交以来,双方关系在各领域的发展都非常顺利,在彼此核心利益问题上相互支持与帮助。作为巴林的第二大贸易伙伴,目前,中国已在油气、金融、制造、基础设施建设、工程承包、零售贸易与通信等领域与巴方展开了密切合作。在"一带一路"构想的推动下,两国都热切盼望以此为契机,全面提升两国关系。

本书比较系统和翔实地介绍了巴林的地理、简史、政治、军事、文化、社会、外交、经济等方面的基本国情,并结合"一带一路"大背景对中巴经贸等方面的合作进行了比较客观的研究,总体来说是一本综合性的著作。投入本书的写作,其意义不言而喻,写作本书的开端也是编者对巴林社会逐渐认知的过程。本书在广泛吸收国内外资料的基础上,经过作者的梳理与理解,多次修改才逐渐成形。但写作中的难点也很多:一是资料匮乏。国内对巴林的研究仅限于基础介绍,谈不上学术研究。二是目录结构的适应性。

本书分工如下:

韩志斌(西北大学中东研究所所长、教授、博士生导师)——撰写导言,第一、二、三、四、五、六、七、八章,并负责全书校订。

李福泉(西北大学中东研究所副教授)——撰写第二章第五节第二目20世纪70年代以来巴林什叶派运动的发展;第六章第二节第一目什叶派。

高文洋(西北大学中东研究所博士研究生)——撰写第五章第三节第三目音乐、第四目建筑与装饰艺术,第八章第二节和第九章,更新2012年以后的数据,并对第三、四、七、八章进行了资料补充。

温广琴(高新一中教师)——撰写第三章第八节和第九节。

虽然几经研修,但由于对该问题研究基础的薄弱及编者水平所限,书中肯定存在着不足与欠缺,企盼学术界同人和读者不吝斧正。

编　者

2018年6月

目录

上篇

第一章　地理

第一节　地理位置

　　巴林位于波斯湾西南部，与卡塔尔和沙特阿拉伯毗邻；西距沙特阿拉伯24千米，东距卡塔尔28千米。

　　巴林国土总面积为767平方千米，有36个岛屿。其中，有人居住的分别是巴林岛（也称阿瓦利岛）、海瓦尔群岛、穆哈拉格岛、锡特拉岛、那宾萨利赫岛、吉达岛和乌姆纳桑岛。

　　巴林是一个多岛国家，其主岛巴林岛是最大的岛屿，巴林王国正是得名于此。巴林岛海拔为30~60米，面积为562平方千米，南北与东西长度分别为48千米与16千米。巴林岛中部有一个侵蚀洼地，杜汉山（意思是"烟之山"）就在其中。岛上多泉，北部沿海地带较为肥沃，有泉水灌溉，种植椰枣、水果、小米、小麦等。西南地区分布有盐沼。巴林岛是重要的石油加工和贸易中心。杜汉山山麓富有石油资源，油田中心位于阿瓦利，炼油厂临近麦纳麦。

　　穆哈拉格岛处于巴林岛东北方向。巴林国际机场与船舶制造厂都兴建于此岛。巴林岛和穆哈拉格岛之间由一条修建于1929年的堤道相连。锡特拉岛位于巴林岛东部，是巴林石油公司的储油站。该岛上有海水淡化厂、发电厂、石油储备库和国家石油出口库。乌姆纳桑岛位于巴林岛的西部，是王室的领地，不少富人都在此兴修别墅。吉达岛位于巴林岛以西，乌姆纳桑岛以北，是巴林监狱的所在地。那宾萨利赫岛位于巴林岛和锡特拉岛之间，是巴林最小的岛屿。其岛上的椰枣负有盛名。

第二节　气候

巴林气候属热带沙漠气候，有以下特点：

第一，四季并不分明，春季与秋季短，夏季与冬季长。夏天炎热潮湿，而冬天比较凉爽舒适。

第二，巴林的季节温差与昼夜温差都较大。夏季为5—9月，7月最热，最高气温可达42 ℃。巴林夜间气温也非常高，最低也有27 ℃，是世界上夜间温度最高的地区。由于极高的温度与湿度，巴林的夏季非常不舒适。冬天开始于11月，结束于次年3月。这段时间气温适中，较为舒适，但昼夜温差较大，达10~20 ℃。

第三，夏马尔风盛行于巴林。在夏季，"夏季夏马尔风"会形成于沙特阿拉伯，将伊朗的尘土裹挟到巴林岛，让人难以呼吸。在冬季，形成于东南方的"冬季夏马尔风"会给巴林带来温暖湿润的空气。

第四，极端的冰雹天气在巴林并不多见。巴林年降水量仅有75~100毫米，降水时间为7~9天，且冬季降水较为集中。雨后洪水等自然灾害频发，公路、桥梁设施安全以及居民人身安全都容易受到威胁。

第三节　地势地貌

巴林王国有36个岛屿。这些岛屿小而平缓，大多土地贫瘠，由沙地或岩质沙漠构成。岛上还有一些低矮的石灰岩山丘、浅滩河床。沙漠地面由覆盖沙子的沙丘、碎石地面（或称漠境石面）和石头地面组成。巴林岛地势为中间高四周低，其海拔最高点为135米。巴林岛大部分为低矮的沙漠平原，中部缓慢抬升形成低平的断崖，另有石山和沙地。巴林岛中部的杜汉山是著名的石油产地。因该山常年云雾缭绕，故而得名"烟之山"。其他岛屿海拔不高，大多略高于海平面。

第四节　地质与水文

一、地质

据油气资源地质史研究，巴林曾经处于印度洋底部。经过数个地质年代，波斯湾中部逐渐凸起，形成巴林列岛。另有科学家称，巴林诸岛是因阿拉伯半岛经大陆漂移与强地震的冲击而形成。巴林境内露出地表的岩石主要始于始新世早期与中期，部分岩石属于中新世。主要岩石种类为石灰岩、含白云石的石灰岩、白垩、泥灰土和页岩。

二、水文

热带沙漠气候造成巴林的水资源相对匮乏。巴林岛地表没有河流分布，北部与附近岛屿发现的水泉是宝贵的天然淡水资源，为农业灌溉提供便利。但是由于农业活动与人口增加，现在大多数泉眼已经干涸。目前主要的地下水来源为达曼含水层渗透上来的井水，其余用水来源还包括淡化的海水和处理过后的循环用水。20世纪80年代起，巴林政府就投资修建了许多海水淡化工厂，以弥补工业污染天然水资源造成的损失。至今，巴林60%的工业、农业和生活用水都由这些海水淡化工厂提供。巴林国内现今共有4个海水淡化处理厂。

第五节　自然资源

由于地域狭小、气候干旱，巴林的自然资源较为有限。气候决定巴林适于耐旱的植物生长，棕榈等耐旱植物在巴林随处可见。棕榈树可以结出美味可口、营养丰富的椰枣，晒干后即食，也可以长久保存，出口到海外。棕榈树是非常重要的植物，可谓通身都是宝：树干可以作为燃料和建筑材料，树叶可用来搭建顶棚、遮蔽阳光，花蕾也有特殊的作用。然而，过度开采地下水导致海水倒灌，巴林正在面临较为急迫的土地盐碱化问题，棕榈树等植物的生长受到了威胁。巴林的海底泉水丰富，北方水土条件较为优越的沿海地区依靠泉水和泵井灌溉，种植了较多的农作物，其中有椰枣、谷子、小麦等。

由于有沙漠、沼泽、泥滩等地可供鸟类栖息，因此巴林的鸟的种类繁多。鹬、麻鹬、苍鹭和珩科鸟等品种主要选择泥滩为栖息地，而苍鹭、火烈鸟、白鹭和燕鸥则聚居于红树沼泽。巴林周围温暖的浅水海湾里生活着石斑鱼、珍珠贝、基围虾和儒艮。巴林的珍珠贝颇负盛名，在发现石油资源之前，采珠业一直是巴林的支柱产业。巴林常见的陆生动物包括刺猬、瞪羚、野兔等，蝎子、蛇也广泛存在。

巴林的石油发现与开采较早，约始于20世纪30年代。然而，巴林石油产业的繁荣、兴盛只是昙花一现，呈现出早盛早衰的局面。据2015年数据，巴林的石油储量不足，约为0.17亿吨，为海合会国家之末，与其他中东国家相比，仅仅优于以色列和约旦[①]。

第六节　　行政区划

巴林原有5个行政区，2014年中部行政区被废除，现在仅存的4个行政区为：

首都行政区：位于巴林北部，面积为68平方千米，人口约为33万人，包括麦纳麦、拉斯卢曼和吉德哈夫斯的一部分。

穆哈拉格行政区：位于巴林东北部，面积为57平方千米，人口约为19万人，包括穆哈拉格与穆哈拉克岛。

北方行政区：位于巴林西北部，面积为175平方千米，人口约为28万人，包括北区、中区、西区、吉德哈夫斯与哈马德。

南方行政区：位于巴林南部，面积为480平方千米，人口约为10万人，包括西区的一部分、里法和海瓦尔群岛。

❖ 一、麦纳麦

巴林的主要居住城市为麦纳麦、穆哈拉格等。巴林最大的城市麦纳麦是国家的首都，也是其政治、经济与文化中心。它坐落于巴林岛

---

① 梁刚，萧芦：《2015年世界石油储产量及天然气储量表》，《国际石油经济》2017年第1期，第104~105页。

东北，面积为16平方千米。20世纪30年代，哈利法家族的同盟自城市迁出，政府也迁往市郊。到了20世纪40年代，城市群体的基本构成确定下来。定居于麦纳麦的有巴林什叶派、逊尼派、印度人、巴基斯坦人、俾路支人、阿曼人和也门人，这些群体都拥有自己的社区，与家乡有着密切的商贸关系。石油工业中心阿瓦利炼油厂坐落于麦纳麦市郊，规模相当大，为中东最大的炼油厂之一。麦纳麦港是良好的天然深水港，且设施非常现代化，可以容纳多艘远洋货轮，因此成为海湾地区的物流中心。麦纳麦是举世闻名的珍珠集散地，也是享誉全球的金融中心。麦纳麦享有"阿拉伯苏黎世""东亚的香港"之美誉。

麦纳麦的文明史源远流长，公元前3000年便成为周边最大的商贸中心。7世纪阿拉伯帝国崛起，麦纳麦被纳入其版图。在英国的侵略下，1820年，巴林被迫与英国签署《波斯湾总和平条约》。1880年，英国宣布巴林由英国保护。1971年巴林独立，麦纳麦被定为首都。麦纳麦老城极具特色，主要为砖结构，与南部伊朗的建筑风格类似。

首都的现代化程度很高，到处高楼林立，路标等设施也随处可见。巴林政府推动填海造陆，小有所成。巴林政府于20世纪40年代在麦纳麦北部建造了一座大型拱门，通向巴林海峡。人们登陆后，由此门进入巴林就可以看到古代露天剧院。巴林市场繁荣，货物种类俱全。最有特点的是黄金市场，游客到巴林来大多会买风格迥异的金银首饰作为纪念。

作为举世闻名的绿洲，麦纳麦享有"海湾的新娘"之美誉。在城市宽阔的街道或街心公园，可以看到路旁尽是椰枣树、棕榈树以及其他热带植物。郁郁葱葱的植被让这座城市更加舒适。

麦纳麦地理位置得天独厚、气候宜人、淡水资源较为丰富，使得这座城市的旅游业发达。城内的诸多设施与自然、人文景观吸引了来自世界各地的游客。由于有大规模的古代墓葬群，巴林被称为"万冢之岛"，这是这个国度得天独厚的人文遗产。巴林国家博物馆藏品丰富，完整地展现了巴林7 000多年的历史，亦是举世瞩目的旅游胜地。《古兰经》研究中心也设在麦纳麦，该机构收藏了阿文书法范本和手写版《古兰经》，艺术与学术价值都非常高。除此之外，游客与来自世界其他地方的学者也可以通过学校和清真寺领略巴林传统文化的魅力，其中较为著名的是法塔赫大清真寺和哈米斯市场清真寺。

二、穆哈拉格

与麦纳麦相似，巴林第二大城市穆哈拉格也是非常重要的工业区、商贸中心和交通要冲。它坐落于穆哈拉格岛西南方，捕鱼业和采珠业同样较为繁荣。20世纪中期以前，哈利法家族的宅邸与政府官邸长期兴建于此。后来由于王室和政府迁走，这座城市的发展受到制约。根据2012年的人口调查，穆哈拉格有17.7万居民，大多为社会底层群众，因此民族主义倾向较为明显。穆哈拉格物产较为丰富，出产椰枣等果蔬，交通也较为便利，由一座大桥与首都连通。穆哈拉格的旅游资源丰富，比首都的历史更为悠久。存在数百年之久的露天剧院、中世纪的王室城堡等，都为这座城市增添了魅力。

第二章 简史

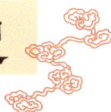

第一节 上古史

一、万冢之岛

19世纪起，人们称巴林为"万冢之岛"或"死岛"，原因是巴林一直是周边地区居民死后的墓地。巴林的坟墓不仅有平面的，还有层累的堆积。譬如前代的坟墓埋没于沙土之中，难辨其踪，后世的墓葬便兴建于其上，层层累积，最高可达10米。17万座坟冢层层叠叠，远观既似山丘，又似行军作战的帐篷群。1879年，英国人对这些土丘进行科考发掘，才确定其是坟茔。巴林的别称由此得来。然而，现代考古学家的发掘及研究证实巴林并不是"死岛"，而是有着极其绚丽多姿的早期文明。

巴林的17万座坟茔极具研究价值，令考古学家们纷至沓来。已发掘的70余座墓葬的考古报告显示，最早的墓葬建造于公元前3000年左右。考古学家还在墓葬的地层之下以及墓葬群周围发现了人类的部族聚落和城镇遗址，这些都标志着巴林有过辉煌灿烂的古代文明。

根据巴林墓葬的制式，可以大致将其分为两类：一是简陋的单层墓葬，此类墓葬较多，以石灰石堆砌而成，细沙铺撒于地，石板盖于顶。墓室坐东朝西，亡者曲身侧卧，头东脚西。二是双层墓葬，此类墓葬较少，应为权贵所有。墓有两层，一层右侧的墙上有两扇窗。墓葬比地面高约4.6米，直径约20米。墓室建于最东头，耳室分布于其两侧。墓葬里的随葬品种类繁多，包括动物、彩绘陶器、红釉花瓶、金属兵器、金制避邪配饰、铜器、银器与象牙器等。

除数量众多的坟茔之外，巴林地下还有两座城池遗址。这两座城池与巴比伦的年代相仿，城墙最厚处达4米。房屋多为方形石制，城内还有气势恢宏的神庙，由巨石门、祭坛和宗教仪式用的水池组成。出土文物也是琳琅满目，包括印度陶器，非洲象牙器，地中海沿岸的青石器，更有来自中国的马灯、石磨和钱币等器物。这一切表明了上古巴林与外部的交往密切，贸易发达。

二、早期考古文明

巴林的古代文明史源远流长。近年来，考古学家经过艰苦的发掘，已经证实，巴林于公元前8000年就进入了农业文明。然而，关于早期居民的具体情形，现在仍然扑朔迷离，唯一可知的是，有居民活动的时间上限为距今约5000年前。

巴林的新石器文化断代在公元前5000—前3000年。1953年，丹麦人毕比教授和格罗布教授在巴林进行考古发掘，发现了大量燧石箭头，从而断定其为距今10万年前古人所制。经过后续的深入发掘与探究发现，巴林的城市出现于公元前3000年。城市建筑主要为方形石屋，错落有致，城墙高大且坚不可摧，气势恢宏的神庙中有祭坛、水池等遗迹。当时的手工业发达，并与城市建筑艺术灵巧地融合在一起。工匠能制造出精美的陶器，这些用红色黏土烧制的彩陶风格独特，与两河流域及印度河流域，甚至是后世的人工制品迥异。

巴林的文明社会开始于公元前3000年。原建于巴林岛北部的巴尔巴尔庙经过修缮，风格类似于两河流域捷姆迭特·那色时期（公元前3100—前2900年）类型。公元前3000年左右是巴林对外贸易和交往的分水岭，目前没有可以支撑在此之前对外交往活动的考古材料；此后的对外关系则非常繁荣。公元前30世纪早期，巴林发展出与周边地区类似的地方文明；中期以后，由于与两河流域、印度河流域直接建立了海运商业往来，巴林文化飞速发展。公元前30世纪末期至公元前10世纪早期，巴林对外海运商贸达到巅峰状态，本土文化在文明交往的影响下走向辉煌。到了公元前10世纪中叶，巴林被纳入两河流域文化圈。

公元前30世纪中期，苏美尔地区与巴林有密切的商业往来。这一时期人口激增，并创造了灿烂的文明。在这一时期，如卡拉特兴建了城市，出现了桥状纹饰的陶器，而神庙的制式变成哈法耶椭圆形。史料记载，阿卡德王国的萨尔贡一世"三次包围沿海地带，征服了迪尔蒙（巴林）"。由此推断，公元前30世纪后期，阿卡德王国可能征服过巴林。巴林有得天独厚的地理优势，这是因为它处在巴比伦与阿曼铜矿贸易线路上，是一座中转站。此便利条件造就了巴林公元前20世纪的军事与经济强盛时期。尽管后来失去了这个地理优势，但作为举世闻名的商贸中心，巴林的采珠业、捕鱼业仍使它的地位举足轻重。

长期以来，苏美尔人都觊觎海湾地区，想将其据为己有。公元前30世纪前半期，苏美尔人发兵远征海湾地区，想要开通始自海湾，途经两河，直达地中海的商道。在建立乌尔第三王朝之前，乌尔人就强化了与巴林的交往，两河流域与巴林的联系持续到了汉穆拉比统治时期。加喜特人建立巴比伦第三王朝时，巴林地区也有一个国家与之遥遥相对。公元前10世纪，存在于巴林的独立国家瓦解，与此同时，腓尼基人乘船来到此地。在这个世纪，巴林处于两河流域霸主的控制之下，频繁易主。

🌸 三、迪尔蒙文明

由于作为中转站的特殊地理优势，巴林是中东的贸易中心。苏美尔人必须途经巴林所在的海湾地区，前往半岛地区和南亚进行贸易，方可获得铜矿和木材等两河地区稀缺的原料。因此，像巴林这样的海上商道沿线的城市作为中转站和淡水补给中心，地位格外重要。

"迪尔蒙"一词的意思为"太阳升起的地方""永生之地"，两河流域许多文献中将"迪尔蒙"描述为神圣的地方。已知世界最早的史诗，即成文于古巴比伦王国的《吉尔伽美什史诗》中有关于前往迪尔蒙寻找长生法门的记载。通过对目前掌握的史料进行比对训诂，可以断定传说中的"迪尔蒙"就是巴林。迪尔蒙文明是最早出现于海湾的文明之一，因为巴林地处两河通往印度河流域的航道上，拥有重要的地缘优势；巴林自然条件相对优越，淡水丰富，植被茂密，适宜人类居住，采珠业与捕鱼业很早就发展起来，经济也较为繁荣，坐落于巴林岛之上的卡拉特是举足轻重的商贸口岸，也是迪尔蒙的首都。考古研究发现，这里存在一个多层遗址，其年代始于公元前23世纪，终结于16世纪。考古学家们在这里还发掘出了住宅遗址，以及商业、军事和宗教相关的设施。

迪尔蒙在公元前30世纪成为重要的商贸中心，沟通世界两大文明区域——两河流域与印度河流域，来自世界各地的货物（如珠宝、香料、丝绸等）在此集散。本土产出的椰枣和有"鱼眼石"之美誉的珍珠也向外出口。公元前20世纪前后是迪尔蒙文明的巅峰时期，今科威特与东部沙特阿拉伯也被囊括进来。迪尔蒙发展迅速，贸易中心地位非常重要，居民们在城市里大兴土木，高大恢宏的庙宇拔地而起。迪尔蒙甚至在公元前2200年至公元前1600年扼守着海湾商路，呈控制之势。公元前10世纪前后，在迪尔蒙交易的货品种类范围扩大，除香料、丝绸外，还包括铜矿、熏香等。尽管有过灿烂的文化，公元前20世纪中叶，迪尔蒙文明还是开始走向衰落。导致这种局面的原因是复杂的：印度河文明的衰落使得整条航线的吸引力下降，作为中转站和商贸中心，迪尔蒙的地位一落千丈；在两河流域各大帝国强势崛起的背景下，迪尔蒙于公元前800年左右被亚述帝国征服，又于公元前6世纪被新巴比伦王国征服。在历史文化的灿烂光辉照耀下，迪尔蒙在2005年被收入《世界文化遗产目录》。

公元前500年前后的希腊文献将巴林诸岛称作阿拉德岛。希罗多德记载了公元前1000年，"新月地带"的腓尼基人占领并控制阿拉德岛。腓尼基人凿井开地，兴建了一座座棉花种植园。这种经济模式在地中海周边各国都极具影响力。公元前500年，希腊人和罗马人赶走了腓尼基人，巴林的经济实力遭到重创，商贸中心的地位也大打折扣。马其顿的亚历山大曾在公元前4世纪后期派海军将领尼阿库施前往海湾地区兴建殖民地，科威特境内的法拉卡岛被其占领，对巴林造成影响。

希腊化时代的滚滚洪流也淹没了巴林。亚历山大去世后，其部将塞琉古征服了提洛斯（迪尔蒙的希腊文名称）。至今，我们依稀可以从巴林的珠宝、陶器与玻璃器皿制作中窥得希腊文明的影子。公元前3世纪—3世纪，巴林再次兴盛起来。古罗马历史学家普林尼在其著作中就提到过巴林珍珠。波斯帕提亚人于公元前3世纪中叶占据了提洛斯，并建立军事基地，试图控制整个海湾地区的商路。300年前后，萨桑波斯人征服提洛斯。

第二节　　中古史

一、巴林居民皈依伊斯兰教

公元前10世纪末期，闪族各部落迁徙到阿拉伯半岛。随后，阿拉伯人进入塞琉古帝国，建立哈拉开那国。连同巴林在内的海湾地区都被征服。伊斯兰教传入之前巴林的历史脉络与社会风貌缺乏相关史料，丹麦学者毕比和格罗布的考古研究填补了这一空白。自2—3世纪开始，萨桑波斯因素就强烈影响着巴林。4世纪，波斯人征服巴林，波斯的影响因素因此达到峰值。在穆罕默德传教之前，5世纪末期，巴林半岛开始显现封建社会的端倪。

巴林距离伊斯兰教的中心地带——麦加与麦地那较近，因此较早受到渗透。621年，一个名为阿拉的男子来到巴林，他自称为"先知"代理人，并最早在这里传教。阿拉所传的教义吸引了贫苦群众，但传教行为激怒了贵族。622年，当巴林的贵族们发动攻势时，阿拉率领下层民众奋力抗争，取得了胜利。然而没过多久，贵族们在波斯的支持下进行反抗，最终被第一任哈里发艾卜·伯克尔派出的大军在633年征服。在此之后，阿拉成为巴林的总督。"巴林"是在四大哈里发时期由"迪尔蒙"变更而来，其意为"两个海"。作为与波斯对抗的桥头堡，巴林受到哈里发们的重视。欧麦尔统治期间向巴林拨发50万迪尔汗，以示圣意浩荡。639年，巴林总督阿拉率众试图占领整个海湾，但被波斯军队击败。在644年对波斯的莱谢赫尔城一役中，巴林小胜一局。

四大哈里发时期结束后，倭马亚家族将巴林划为阿拉伯帝国的一个省。巴林的社会经济，如农业、渔业、采珠业、手工业和商贸都再次焕发生机，尤其是巴林商业贸易的发展使得整个海湾的商贸也由此活跃起来。这种繁荣局面一直持续到阿拔斯王朝。在持续而稳定的政权统治下，巴林的水利灌溉系统得到建设，绿洲范围以及农业都得到发展。巴林人主要种植以椰枣为代表的经济作物。在农业与畜牧业的巨大发展下，巴林每年仅销往巴格达的农产品就能创造50万第纳尔的收入。农牧业的发展也带动了其他行业，纺织、制陶、冶金与造船等行业的发展也欣欣向荣，捕鱼业和采珠业仍然是龙头产业。

❧ 二、卡尔马特国家

卡尔马特是伊斯兰教什叶派分支伊斯玛仪派建立的秘密会社，不支持阿拔斯王朝统治的合法性，主张建立平等、博爱、公有的乌托邦式的社会。卡尔马特派不承认逊尼派伊斯兰教教义，主张自由解释"圣谕"，思想自由与宽容异教。894年，巴林的卡尔马特派教众揭竿而起，驱逐总督，宣布脱离阿拉伯帝国并独立。到了898年，卡尔马特派在巴林的军队直逼阿拉伯半岛东部，并在腊萨城（今胡富夫）建立首都。政教合一的卡尔马特国家于10世纪初在巴林形成，阿布·赛义德·哈桑·达坎是其领袖。在阿布·赛义德的领导下，卡尔马特国家迅速壮大，屡次击败阿拔斯王朝的进攻，对阿拉伯帝国构成较大威胁。913年，阿拔斯王室指派的刺客暗杀了阿布·赛义德，国家的领导权移交到新首领阿布·塔西尔手中。阿布·塔西尔继承并发扬了阿布·赛义德的遗愿，带领卡尔马特国家再一次走向扩张，势如破竹、锐不可当。929年，阿布·塔西尔率领600名骑兵和900名步兵占领麦加城。在这次征服活动中，"玄石"[①]被巴林人作为战利品带走，直到949年才被麦加的宗教人士花钱赎回。

巴林的卡尔马特国家在10世纪下半叶进入鼎盛时期，但并未维持很久。卡尔马特国家领导人企图恢复公社奴隶制，世袭领导地位，加上领袖们不守教规，盘剥社会下层群众，激化了社会矛盾。于是，988年，巴林部分区域被白益王朝征服。1058年，卡伊穆哈里发大兵压境，巴林的卡尔马特国家瓦解。

---

①　据古阿拉伯宗教传说，这块玄石是先知易卜拉欣（《圣经》中的亚伯拉罕）遗留的圣物，被多神教徒奉为"圣石"，不时吻拜以示虔诚。伊斯兰教建立以后，仍保留这一传统，视其为圣石，吻拜圣石的传统也沿袭下来，成为朝觐仪式的一项重要内容。

❖ 三、外部力量控制下的巴林

由于卡尔马特国家灭亡，巴林又重新被划为阿拔斯王朝的阿拉伯帝国的一个省。阿拔斯人在巴林采取了一系列令人发指的残忍行径，如屠杀大部分当地居民和毁掉农田，因此阿拔斯王朝任命的新总督阿布尔·巴卢尔在统治巴林不久，就被巴林民众赶下台。在此之后，卡提夫（又译盖提夫）的亚夏·伊本·阿拔斯统治巴林，使巴林实际成为阿拔斯王朝的附庸酋长国。9—11世纪，由于阿拔斯王朝走向衰落，巴林转而依附波斯。这段历史对巴林造成了重大影响，什叶派传入巴林并逐步发展为多数教派。在酋长国体制下，巴林的统治者将恢复经济作为主要国策，巴林因此再次得到繁荣，并再度成为联络南亚与美索不达米亚的重要港口。巴格达官僚和商贾显贵利用酋长国体制，把持着当地的手工业、捕鱼业、采珠业等商业活动。

由于海湾部落之间的内讧，13世纪初，格什姆岛的酋长占领了巴林诸岛，1229年失势。1235年，阿拔斯王朝与蒙古人交战，无暇他顾，于是法尔斯的摄政王阿布·贝克尔·伊本·赛义德趁机渡海占领卡提夫港与巴林诸岛。1253年，法尔斯才失去对巴林的控制。

抵御蒙古有力的霍尔木兹人在14世纪初开始对外扩张。1320年，库特布丁酋长率众占领巴林等地，将巴林划为霍尔木兹国的一个省。霍尔木兹人统治时期巴林经济相对衰退。14世纪，巴林大致有300个小村落，采珠业依然是利润最丰厚的产业，从事采珠业的人都获利良多，兴建豪宅，置办田产。[①] 然而，在霍尔木兹国统治下，巴林岛上的珍珠、鱼类、椰枣等物产都被运往霍尔木兹。在此背景下，巴林于14—15世纪不断爆发大规模起义。1384年的起义声势最为浩大，被霍尔木兹人残酷镇压。但是巴林人民并不屈服，当15世纪霍尔木兹国国内出现政治、经济危机时，巴林最终于1475年脱离霍尔木兹国，获得独立。但是好景不长，1487年至16世纪初，巴林一直被阿曼苏丹国占领。

1507年，为了保护欧洲与东印度的香料贸易，葡萄牙船队来到巴林。霍尔木兹国的酋长图朗长期受葡萄牙人操控，作为葡萄牙的代理

---

① Carol Ann Gillespe，*Bahrain*，Philadelphia：Chelsea House Publishers，2002，pp.30-31.

人控制了海湾地区。巴林被建为葡萄牙与霍尔木兹的海上军事基地，巴林人民也受到残酷统治。1521年，奥斯曼土耳其人煽动巴林人发起针对霍尔木兹人与葡萄牙人的起义。起义者攻城略地，葡萄牙守军被杀，侵略者所建造的军事设施都被毁于一旦。于是，霍尔木兹总督耶古·洛佩施·塞凯拉派重兵镇压，起义军最终溃败。镇压行动之后的巴林局势更加岌岌可危，由于葡萄牙人与霍尔木兹人的殖民统治惨无人道，巴林人民倒向了蛰伏于卡提夫地区的侯赛因·伊本·赛义德酋长。1522年，葡萄牙人败于起义军的攻势之下，葡萄牙派出的巴林总督被绞杀。在此之后，侯赛因·伊本·赛义德酋长成为巴林的实际统治者。接手巴林防务之后，侯赛因与葡萄牙殖民者达成妥协，于是，1523年，侯赛因被任命为新总督，但必须接受葡萄牙派出的总督"顾问"。同时，葡萄牙被允许在巴林驻军、收税，并且享有资源的开采权。1529年，葡萄牙的殖民统治再次占据上风。1529年，大规模武装起义再次爆发，遭到葡属舰队的镇压。起义期间爆发的瘟疫对双方都造成严重影响，然而由于奥斯曼土耳其人的背信弃义，1534年，巴林起义失败。

在此之后一直到16世纪末，葡萄牙人牢牢控制着巴林，葡萄牙的军队和战舰遍布巴林岛和各个港口。1550年，卡提夫的领袖再度起义。1551年，奥斯曼帝国重新将目光转向巴林；两年之后，他们对葡属要塞发起攻击，巴林首当其冲。混乱的内部与外部环境使得殖民者调整了统治思路，他们不再依靠霍尔木兹国的代理人，转而扶植当地领袖穆德莱伊斯充当傀儡。这在一定程度上抵御了奥斯曼土耳其人的进攻，直至1581年之前，奥斯曼帝国的攻击都没有收到实际的成效。然而，1581年，在葡萄牙人对海湾的控制呈衰势的大背景下，奥斯曼帝国一度控制了巴林与阿拉伯半岛的东南部。但是由于与波斯人的战争，奥斯曼土耳其人对巴林的占领没有从根本上扭转葡萄牙人对巴林殖民统治的局面。

16世纪末的海湾局势风起云涌。奥斯曼帝国并未灰心，一直图谋取代葡萄牙人控制巴林，同时，波斯人对霍尔木兹国的进犯也改变了区域地缘政治。新崛起的海上霸主英国与荷兰不甘示弱，也积极在中东寻求利益。1580年，葡萄牙失势，沦为"西班牙虏臣"。这一系列事件导致葡萄牙对海湾控制的松弛甚至终结。17世纪初，巴林脱离了葡萄牙的控制。17世纪40年代，葡萄牙人最终在海湾地区谢幕。

❧ 四、波斯对巴林的三次占领

16世纪末至17世纪初，波斯的萨法维王朝崛起，强烈撼动了昔日的世界海上霸主葡萄牙与西班牙的殖民体系。1602年，针对葡萄牙殖民统治的起义再次爆发于巴林当地商贾之间。当地人本身势弱，于是与波斯人结盟，希望依靠后者对抗葡萄牙人。萨法维王朝的法尔斯省总督受命出兵占领巴林，将巴林划归法尔斯省。此举引起西班牙人的愤恨，他们要求阿拔斯一世撤出巴林，但最终未果。西方殖民者的代理人霍尔木兹总督彼得鲁·康丁尼乌切断了萨法维人的海上补给与救援线路，使得波斯军队陷入困境。在两难境地下，阿拔斯一世虽有心与西班牙殖民者决一死战，但并无必胜的信心，于是双方达成协议，巴林诸岛被划归萨法维王朝。尽管波斯与西班牙媾和，然而萨法维王朝还是威胁着霍尔木兹国。1623年，英国舰队击败西葡海上联军。1623年2月9日，在英军的支持下，波斯摧毁了霍尔木兹。

波斯人对巴林的统治方针与欧洲人不同，他们无意恢复经济，而是意在建立海上军事基地。这种竭泽而渔的统治激起了巴林当地人的反感，于是反对波斯的起义风起云涌。1636年，萨法维王朝的萨菲一世认识到巴林局势的严峻性，随即出兵镇压，进一步摧毁了巴林昔日繁荣的经济，就连采珠业也受到严重损害。1717年，崛起于半岛南部的阿曼苏丹国军队横渡海湾，登上巴林诸岛，消灭了波斯军队，自此，巴林成为阿曼苏丹国的一部分。

1734年，波斯从英国购买了军舰。两年以后，纳第尔·沙派出从英国人手中购买的舰队来到巴林。在大兵压境的威慑下，阿曼人投降。重新占领巴林的波斯人延续固有的统治思路，只重军事利益而不顾经济民生。生活窘迫且备受波斯人歧视的巴林人再次揭竿而起。1737年，纳第尔·沙派兵镇压了英国人支持的巴林人民起义。于是，随后的一两年间，巴林诸岛的民众纷纷逃往半岛等地。1743年，波斯与奥斯曼帝国之间战事再起，于是波斯人无暇他顾。1744年，紧随阿曼与马斯喀特的起义之后，驻守巴林的波斯军队也被驱逐，一个独立的酋长国在巴林维持了10年的统治。

18世纪50年代，巴林再一次被波斯人占领，波斯的统治一直持续到1783年才最终结束。

第三节　近代史

❀ 一、哈利法家族成为巴林的主人

1716年，阿拉伯人中的阿特班部落在科威特建立渔村，后来该渔村发展为商港。英国东印度公司于18世纪60年代在科威特建立商站。1765年，萨巴赫家族建立了科威特酋长国，哈利德部落缔造了卡塔尔酋长国。1766年，阿特班部落的哈利法家族来到卡塔尔，对波斯控制下的巴林虎视眈眈。1776年，哈利法家族的首领穆罕默德与布什尔总督以及波斯驻海湾司令进行会谈，提出被任命为巴林总督的要求，作为交换，1782年之前他将每年向波斯缴纳大笔税款。1780年，穆罕默德的兄长艾哈迈德进入巴林。1783年，哈利法家族控制了整个巴林，将波斯人赶走。自此之后，巴林开始被哈利法家族统治，一直延续至今。艾哈迈德是该家族在巴林的首位埃米尔，在位时间为1782—1796年。

确立统治伊始，哈利法家族面临许多问题。首先，当地人认为哈利法家族与以往的外来侵略者没有什么不同，并不认同他们。其次，隶属于阿塔班部落的哈利法家族信奉逊尼派，而巴林的优势教派是什叶派，两派的宗教冲突持续至今。再次，当时适逢瓦哈比运动于阿拉伯半岛兴起，并且打着宗教认同的旗号向巴林扩张。在内忧外患之下，艾哈迈德退守祖巴拉，并试图得到波斯人的支持，结果遭到拒绝，不久去世。继任的埃米尔萨勒曼和阿卜杜拉与阿曼取得联系，得到阿曼海军的支持，结果，巴林成为阿曼苏丹国的一部分。

1800年，阿卜杜勒·阿齐兹·伊本·沙特统一了阿拉伯半岛，同时征服了巴林。同时，英军打着抵抗法国侵占埃及的幌子进入海湾，其真实意图是消除瓦哈比派占据巴林等地对东印度公司的威胁。1802年，受到英国支持的阿曼与法尔斯总督联手攻击巴林的瓦哈比派，但是被打败。英国的唆使使阿曼与巴林之间的矛盾显现。

1805年，受到英国支持的阿曼军队打败瓦哈比派，同时英国也收

到巴林埃米尔的求援。此时的巴林遍布波斯、阿曼、沙特阿拉伯以及奥地利等外部力量的代理人，局势极为复杂。其他欧洲国家则觊觎巴林的采珠业。1808年，瓦哈比派在马斯喀特海军的威慑下退守卡提夫，最终与哈利法家族联手逐出英军。

在一系列动荡之后，哈利法家族对英国人非常失望，决定独自与瓦哈比派抗争。1810年，巴林当地人与波斯裔居民联合起事，驱赶了信奉瓦哈比派的总督和主要官员，并且宣布独立。巴林人民斗志昂扬，因此，1816年阿曼进攻巴林和1818年埃及对巴林的封锁都没有成功。

二、巴林沦为英国的保护国

由于巴林自古以来便是通往印度的交通要塞，因此备受英国人重视，被视为印度防卫体系中的重要环节。19世纪的海湾局势非常复杂，海盗异常猖獗，哈利法家族统治的合法性也并不被英国人认可。于是，英国人以这些为口实于1818—1819年对包括巴林在内的海湾诸岛屿进行封锁，激起民众的强烈愤恨。英国殖民政府与阿曼苏丹国于1818年11月入侵阿拉伯半岛。次年1月8日，《总和平条约》签订后，英国指挥官员便巡视了包括麦纳麦在内的半岛东海岸。

英国非常看重巴林的交通枢纽地位，于是试图通过讨好上层显贵的方式占有巴林。1820年1月，英国与巴林的埃米尔举行会谈，很快就共同反对波斯占领达成一致。由于巴林与波斯和奥斯曼帝国的谈判没有取得积极进展，2月23日，巴林埃米尔正式同意《总和平条约》。同年，英军占领格什姆岛，这一举动加剧了其与波斯就巴林问题的摩擦。1822年8月30日，在双方会面不到两个月之后，英国与法尔斯总督就波斯与巴林形式上宗主国关系一事达成了一致。

巴林的前途命运就这样被外部势力玩弄于股掌之间，这引起了民众对统治者的强烈不满。萨勒曼埃米尔去世后，1825—1834年，哈利法和阿卜杜拉两位埃米尔执政。英国虽然与巴林建立了联系，但是没有恢复同盟关系。阿卜杜拉埃米尔缺席了1835年英属印度殖民政府与半岛沿岸酋长国签署的《第一海上协定》。次年，在英国的强势威压下，埃米尔阿卜杜拉向瓦哈比派求援，但是瓦哈比派的援助于1838年溃败于英国的进攻。

英国继续利用与波斯的分歧与海湾国家取得一致。1839年，英国以赫拉特问题为口实，游说阿曼苏丹国签署了《英国-马斯喀特关于反对海盗活动和奴隶贩卖的共同行动条约》，并迫使巴林接受这一条约，由此，巴林开始成为英国的保护国。此举引起国际社会一片哗然，各方力量都为巴林的地位问题而进行角力。穆罕默德·阿里希望将巴林纳入埃及，波斯也出兵宣示权力，而英国当然半分不让。

英国在以巴林"保卫者"姿态出现的同时，还秉承着支持并继续扶植哈利法家族作为代理人进行殖民统治的策略。由于海湾各地区家族与派系之间的明争暗斗削弱了英国与印度的贸易利益，且部落间模糊且此消彼长的边界会影响英国的殖民统治，英国需要一个强势的家族在巴林主政。哈利法家族在巴林享有无可比拟的权威与声望，无论是部落冲突还是政治斗争都无法撼动其地位，根据穆罕默德·鲁麦赫的说法："哈利法家族采取一种继承性统治制度，其父亲在两个儿子的辅助下实施统治，他死后，其儿子继续其职责，分享其威信。"①于是英国从1819年开始就以打击哈萨到阿曼的"海盗"为口实，帮助包括巴林哈利法家族在内的代理人清除异己。萨勒曼和阿卜杜拉两位埃米尔被迫签署的《总和平条约》客观上为哈利法家族的统治增强了权威性和合法性。英国还承诺向这些代理人提供资金和贷款，作为其势力进入内地的条件。

然而由于签署了亲英的共同行动条约，阿卜杜拉埃米尔遭到了什叶派民众的仇恨。阿卜杜拉试图通过讨好波斯来获得什叶派的好感，结果却在1843年被英国废黜，其近亲穆罕默德上位，这一事件史称"麦纳麦政变"。在长年的角逐中，波斯渐渐无力招架，最终于1844年6月27日宣布放弃对巴林的宗主国地位，承认英国的优势。次年，《英国-马斯喀特共同行动条约》重新签署。1847年，英国又胁迫海湾地区的酋长国修订新约，以扩大其特权，巴林也在其中。这项条约使得英国在贸易方面受惠良多，巴林的采珠业被其垄断。1853年5月

①　Mohammed Ghanim al-Rumaihi，*Bahrain: A Study on Social and Political Changes since the First World War*，Kuwait University Press，1975，pp.5.

4日，英国与阿曼西北海湾沿岸的一些酋长国①签订"永久休战"条约，规定英国驻布什尔港的政治驻节公使有权对入侵者实施惩罚。英国通过1847年与1853年的条约，实际上获取了对阿曼西北海湾沿岸国家的司法管辖权。1856年，英国攫取了对巴林珍珠滩的合法垄断权并且严密控制了海湾。也就是说，在事实上，巴林对英国的依附地位已成定局。然而，巴林享有形式上的主权，英国"承认并尊重"这一点，且与穆罕默德埃米尔结为盟友。

1859年，支持阿卜杜拉埃米尔的沙特阿拉伯试图进入巴林，但被英国人打败。英国人以此为契机，与穆罕默德埃米尔联手清洗巴林的瓦哈比派，并终结他们与海湾的联系。但是，巴林被迫卷入波斯人与土耳其人的纷争之中。1861年1月31日，穆罕默德酋长签署了英国驻海湾政治驻节公使在麦纳麦起草的《英国巴林专约》，承认从前签署过的所有条约，除此之外又有许多附加款项：如埃米尔家族不得参与奴隶买卖，不得从事海盗行为，不得对部落冲突不作为；如与邻国发生冲突不得擅自处理，必须呈交英国公使审议；英国公民在巴林有自由居住权和领事裁判权；英国在巴林对外贸易中享有最惠国待遇；巴林政府可以对英国商品征收税率5%之下的"货价税"；英国人有权经营珍珠滩；巴林的防务由英国负责。②1861年的专约是完全的不平等条约，全方位地确立了巴林对英国的依附关系。

统治者擅自与英国媾和的行径引起人民的强烈抗议，并引发了动荡。此时恰逢巴林与卡塔尔的冲突浮上水面。1863年两国谈判僵持不下，于是，1867年，巴林埃米尔出兵卡塔尔。这一事件使得卡塔尔遭受重创，却授人以柄。英国打着"整顿帝国海湾秩序"的幌子，于1867年年底扶植埃米尔阿里发动政变，与卡塔尔达成妥协。海湾国家普遍对英国的行径感到愤怒。1868年，波斯向英国驻海湾行政当局提交了一份备忘录，以示不满。半岛东部的一些酋长也提出要求，希望对被英国人废黜的穆罕默德埃米尔提供保护。1869年，巴林爆发了当

---

① 称为特鲁西尔阿曼，它们现已组成阿拉伯联合酋长国。特鲁西尔意为"休战"，特鲁西尔阿曼指的是20世纪初英国驻巴林政治代表对本地区起的名字。

② Talal Toufic Tarah, *Protection and Politics in Bahrain 1869-1915*, 1967, pp.47-51.

地人反对阿里的起义，阿里及其朋党死于这次起义。前任埃米尔穆罕默德趁机收复麦纳麦和穆哈拉格等地，赶走了英国代表。在这之后，英国无视国际舆论的谴责，炮轰麦纳麦，逮捕了埃米尔与起义军领袖，杀害了埃米尔的亲信，并扶植阿里年仅21岁的子嗣伊萨为新傀儡。此举让奥斯曼土耳其人极度震怒，于是，奥斯曼人在1871年进占卡塔尔，意在南下与英国一决雌雄。几经考量之后，英国决定避其锋芒，与奥斯曼帝国媾和。奥斯曼帝国因此掌控了科威特、卡塔尔，1871年5月与巴林埃米尔伊萨的谈判再次确立了巴林为英国保护国的地位。

三、其他大国与英国争夺巴林

1871年谈判之后，国际社会，尤其是其他欧洲大国对巴林作为英国保护国莫衷一是。奥斯曼帝国也不满足于占据科威特与卡塔尔，公开反对英国在巴林的权益。1874年，奥斯曼政府提出，英国应该承认其对于阿拉伯地区的管辖权，这实质上是在巴林问题上与英国叫板。土耳其人很快就在巴林将自己的立场付诸行动，他们打着支持穆罕默德埃米尔复辟的旗号，煽动当地人对英国的负面情绪。1874年，奥斯曼帝国支持下的反英起义在巴林爆发，但很快就被镇压。次年，暴乱又起，英国政府派重兵镇压，并在此后令英舰常驻巴林。1877—1878年的俄土战争令奥斯曼帝国受到重创，逐渐被西方列强瓜分，而英国以此为契机平息了巴林的东联。1880年12月22日，英国与巴林的伊萨政权缔结《首次特别协定》，该协定于1881年由英国下议院通过，内容包括：第一，巴林的埃米尔不得擅自与除英国外的国家进行会谈；第二，不得接纳其他欧洲国家代表上岛；第三，不允许巴林政府设立商务和外交代表衙门；第四，巴林不得为除英国外的其他国家船舰提供燃料；第五，巴林的内外事务在决策前须与英国磋商；第六，再次确认英国与巴林外贸与采珠业的垄断权。[1]

为了保障在巴林的政治、经济与军事利益，英国政府实行了许多直接有效的措施：首先，英国于1880年将包括巴林在内的海湾地区私有化；其次，1888—1889年，推动巴林进行关税制度改革；第三，继

---

[1] Briton Cooper Busch, *Britain and the Persian Gulf 1894-1914*, Berkeley: California University Press, 1967, pp.27.

垄断珍珠滩之后，1891 年，英国强迫巴林政府同意英国有在巴林经营采珠业的特权；第四，1892 年，英国强迫埃米尔与之签署《末次特别协定》，要求巴林领土不向英国以外的其他国家割让、出售、典押。[①]

这一系列措施，尤其是特别协定，实际上将巴林变为英国的殖民地。尽管巴林等海湾国家并不认可这种关系，但是奈何国小势微，没有话语权。它们进行国家交往之前，必须得到英国首肯。因此，海湾国家越来越封闭，人们一直践行的就是非常传统的阿拉伯文化和部落习俗。巴林人甚至鲜有游历海湾的经历，但因为与英国殖民政府的关系，他们会去孟买，印度卢比可以在巴林市场上流通。巴林与印度的紧密关系持续时间较长，20 世纪 40 年代的印度邮票上还印有"巴林""科威特"等。

除攫取经济利益和限制巴林的外交之外，英国还积极干预巴林的政治。1895 年，流亡于卡塔尔的巴林伊本·阿里部落首领伊本·萨拉玛企图与札西姆埃米尔联手赶走英国人，取代伊萨。英国迅速做出反应，炸沉了政变者的船只。英国驻印度总督后来回忆道，"整个事情看似平淡无奇，但是已经设定了先例。英国已经直接干预"[②]。这一事件昭示着英国已经全方位掌控巴林。

奥斯曼帝国在海湾式微后，19 世纪 80 年代末 90 年代初，德国成为英国最主要的敌国。1895 年，德国首次向海湾派出巡洋舰。此外，其他西方大国也开始向巴林渗透，如 1893 年，美国传教士首度登陆巴林；1894 年，法国于阿曼设立领事馆，对巴林虎视眈眈。面对这些压力，英国开始在巴林建立军事基地，兴修码头、军工厂、器械厂和仓库等。1900 年 3 月，英国副政治代表甚至公然担任了伊萨埃米尔的内政与外交"顾问"。英国人借此把持巴林的中转贸易、海运等，英国军队在巴林巡逻，军舰出没于巴林的海域。

19 世纪末，英国加大了在海湾地区的商贸活动力度，使得巴林进出口货物激增，进口额从 1878 年的 115 万美元涨到 1899 年的 290 万美

---

①　瓦·拉·波将斯基：《巴林》，北京：人民出版社，1974 年，第 130 ~ 131 页。

②　Briton Cooper Busch, *Britain and the Persian Gulf 1894-1914*, Berkeley: California University Press，1967，pp.136.

元，出口额则从1878年的110万美元涨至260万美元。①贸易的飞速上涨吸引了大批印度商人，他们从事巴林到南亚的中转贸易，并向巴林当地商贾放贷。然而，局面最终发展为巴林对外贸易由顺差向逆差的转变。1895年的贸易总额为776 300英镑，顺差2 200英镑；1897年的贸易额是913 300英镑，但逆差为33 500英镑。英国在这一系列的贸易中占尽了便宜，巴林进口的英国商品比例不断上升，1895年为66.1%，1897年为62.6%，而1903年为66.4%。②

20世纪初，其他欧洲国家也开始在巴林攫取利益，欧洲人创办的公司纷纷挺进巴林。德国翁克豪斯商行麦纳麦分公司于1900年建立，同年，法国公司也进入巴林。欧洲商人进驻巴林后，与印度商人展开激烈的竞争，客观上促进了麦纳麦等地的经济繁荣。在此背景下，巴林本地商贾逐渐对印度商人的特权感到愤恨，因此暴力事件层出不穷。这一点在1882年秋天英国代理人向布什尔呈递的报告中得到了证实，他们声称在巴林修建坚固的房舍建筑是为了抵御巴林当地人对印度商人的攻击。③

第四节　　现代史

❖ 一、第一次世界大战前后的巴林

德国对中东也密切关注，到了19世纪末20世纪初，德国的实力可与英国匹敌。1901年，翁克豪斯商行麦纳麦分公司要求奥斯曼政府同意德国垄断包括巴林在内的酋长国的采珠业。奥斯曼土耳其人试图息事宁人，但是由于英国的强势反对，德国只得做罢。两年以后，德国试图与巴林缔结条约，也未成功。

德国人的强势进逼让英国极度不安，1903年年底，英国派出舰队

---

① Fred H.Lawson, *Bahrain: The Modernization of Autocracy*, Westview Press, 1989，pp.39.

② 瓦·拉·波将斯基：《巴林》，北京：人民出版社，1974年，第142页。

③ Talal Toufic Farah, *Protection and Politics in Bahrain 1869-1915*, 1985, pp.73.

（总共7艘舰船，其中4艘为巡洋舰）巡游麦纳麦等地，公然叫嚣海湾是"英国内湖"，以此宣示英国在这一地区的霸权。在土耳其人和波斯人的煽动下，英国的这一行径导致1904年巴林反英起义的爆发。这次起义的领导者是以哈利法家族为首的地方权贵，英国及其同盟伊萨埃米尔联手实施镇压，但是没能成功。起义发生的缘由是复杂且多层次的。长期以来，不管巴林经济多么繁荣，然而获利的只是贵族、殖民者与买办，普通民众生活在水深火热中。由于巴林悠久而复杂的历史，国内教派众多，本身潜伏的矛盾就不少。英国惧怕逊尼派的哈利法家族无法真正控制占多数的什叶派人口，于是故意挑起部落、宗教与民族矛盾，好坐收渔翁之利。在英国垄断了巴林采珠业等有活力的经济部门背景下，民众怨声载道，对政治、经济局势都极为不满，因此，无论是农民、渔民还是采珠工、手艺人，甚至是作坊主、小商人和船老大等社会中间阶层成员，都毅然决然地加入起义当中。最重要的是，当巴林被英国人裹挟着进入世界市场后，当地社会经济发生了严重的结构性矛盾：首先，英国廉价工业制品的大量涌入使得当地的生产、加工、销售网络变得边缘化，许多商人、手工业者最终破产。其次，在丧权辱国的伊萨埃米尔统治下，英国康加兰公司仅仅以17万卢比就租得巴林的海关管理权，对巴林的本土贸易与商人造成了致命打击。再次，把持着巴林采珠业的英国人为了追求利益最大化，对采珠工进行残酷剥削。工人们每天必须潜入几十米深的海底达40次之多，但是酬劳少得可怜，境遇十分悲惨。最后，巴林的农业人口也受到惨无人道的剥削，在英国人的压榨下，农民只能保留1/5的收成，生活极其窘迫。

　　1904年的反英起义对英国殖民者造成了极大的震动，巴林的埃米尔家族也受到感召，在海湾酋长国的支持下发动武装起义。自认为受到威胁的英国派舰队前来镇压，伊萨埃米尔的权力被架空，起义最终被平息。在这之后，英国控制下的巴林当局进行残酷的大清洗，起义者或被逮捕拘禁或被流放，其中，伊萨的侄子阿里·伊本·艾哈迈德就在孟买流亡过5年。这次起义使得英国对巴林的严密控制达到了新高度，英国驻麦纳麦政治代表受到擢升，可以作为正式代表全权决定巴林的内政外交。巴林政府凡决策之前必须与英国"顾问"磋商，否则无法做任何决定。除此之外，英国公然在巴林的各个重要部门中布置眼线，一手掌握内政外交。1909年，英国海湾政治驻节公使考克斯向巴林的英国密使下令，迫使伊萨埃米尔向首席顾问承诺，允许在巴林居住的英国人有司法权。两年以后，英国人又逼迫埃米尔同意，在没有经过英国代表首肯的情况下，巴林政府不能擅自授予第三国公司珍珠与海绵的开采租让权，此外，不许可第三国在巴林开设邮政机构。1913年，英国将英属印度的司法体系照搬到巴林，其中包括民法典、刑法典与领事裁判权制度，要求"1890年关于外国人的司法审判法律将适用于巴林，视同英国殖民地或领地一样"。

　　第一次世界大战前夕，巴林与奥斯曼帝国的分合问题让英国非常忧心。1914年7月29日，英国外交大臣与奥斯曼帝国素丹沟通，提议两国签署长期有效的条约，但前提是奥斯曼帝国放弃对巴林诸岛与卡塔尔的权力。[①]奥斯曼帝国别无选择，最终选择媾和，签署《英土协定》。除上述两国外，奥斯曼政府还放弃了科威特，同时，英国也承诺不在这些地区殖民。

　　1914年10月23日，戴拉门将军率领的英属印度第十六步兵旅、第一炮兵旅和其他部队经由7艘军舰运载，登陆巴林。10月31日，考克斯发布《告海湾全体阿拉伯统治者和酋长及其臣民书》，宣布英国人愿意保护阿拉伯人的生命安全和宗教自由，条件是阿拉伯人必须向英国交出忠心。这是一纸极具历史意义的文书，海湾的许多酋长国都表示顺服，这尤其标志着巴林因其独特的地缘条件，被英国视为前沿阵地与后方战略基地之一。战后，英国仍然牢牢地控制着巴林。1918年年初，逊尼派与什叶派之间的教派冲突在巴林爆发，次年2月，政府平息了事端。1920年，政府将部分宗教领袖和"巴林解放运动"的旗手流放至印度。

二、巴林发现石油

　　人类对石油的使用历史非常悠久，据记载，拜占庭人打仗时经常使用的"希腊火"即为石油。海湾地区的民众对石油的利用更是源远流长，古代的水手和船工们在靠岸后，常常使用从木船缝隙中渗出的黑色液体照明。当工业革命的滚滚洪流迎面而来时，石油作为燃料的

---

① 瓦·拉·波将斯基：《巴林》，北京：人民出版社，1974年，第162～163页。

价值就更被人们珍视，而这对海湾国家乃至整个中东来说，都具有划时代的意义。

1908年，伴随着整个海湾的第一口自喷油井被发现于波斯的马斯杰德萨勒曼地区，"石油热"风靡海湾地区。霍尔木兹国与伊萨埃米尔在1925年签署的一纸合约将400平方千米的土地租让给了东方综合辛迪加。两年之后，该公司将租来的石油权益转售给了东方海湾石油公司。由于东方海湾石油公司是一家美国公司，英国人总是从中作梗，于是，参与红线协定的加利福尼亚美孚公司从前者手中以5万美元买到石油权益。巴林石油公司为加利福尼亚美孚公司的子公司，建立于1929年1月。次年6月，该集团与巴林的埃米尔缔结了一份条约，规定该集团有在巴林2/3土地上的石油勘探权与石油开采权，时效为69年。

1932年是巴林石油开采史上极为重要的一年，在第一口油井喷油后，又有16口油井被发现，由此，巴林石油公司的石油提炼与加工拉开了序幕。[1]由于巴林石油公司属于美国，因此这一消息让美国人异常兴奋。1948年，当时的美国内政部部长发表的一篇文章中写道："英国人从来没能在巴林发现石油，而我们的石油公司入驻那里不久之后就卓有成效，这必然是一项伟大的进步。"[2]发现石油的第二年，巴林石油公司就着手开采，取得了喜人的成绩。1934年，巴林石油开始运往海湾以外。到了1937年，巴林共有60口油井，原油产量大增。1933年，巴林的原油产量为4 500吨，而到了1939年则猛增至10万多吨。20世纪40年代初，巴林石油公司还垄断了海湾其他地区的石油提炼加工。石油的发现和开采对于巴林的社会经济以及政局产生了划时代的影响，具体体现在以下方面：首先，在此之前，巴林的龙头经济部门一直是采珠业，然而20世纪二三十年代的全球经济危机使得对珠宝等奢侈品的需求量减少，加上日本产的人造珍珠迅速占领市场，巴林采珠业发展举步维艰。在此背景下，石油的发现让巴林政府通过租让石油权益获得收益，缓解采珠业停滞造成的经济损失。其次，早先的海湾人没有明确的领土与边界意识，"谁强大谁就有权力拥有领

---

[1]　Christine Osborne, *The Gulf States and Oman*: London, Croom Helm, 1977, pp.21.

[2]　瓦·拉·波将斯基：《巴林》，北京：人民出版社，1974年，第177页。

土"。石油的发现让统治者们意识到领土是应分寸必争的，海湾国家的边界争端由此展开，其中，巴林就长期与卡塔尔争抢祖巴拉和海瓦尔群岛。再次，石油的发现让巴林真正走向世界。在发现石油资源之前，英国为了最大限度地攫取利益，有意使巴林闭关锁国，然而在此之后，外国的地质学家、石油产业工人纷纷前往巴林。石油资源的发现改变了巴林的传统社会结构。从前的巴林社会以部落为纽带，统治者与平民之间的关系带有部落氏族民主的影子，然而石油收入充实了国库，造就了一批以官僚为代表的中间阶层，统治方式随之改变。除此之外，石油资源还打破了传统的人口分布格局，在现代化的浪潮下，农村人口大量向城市涌动，而曾经的农民、手艺人、采珠工等摇身一变成为了石油产业工人。石油收入充实了国库后，巴林的政府机构更加复杂、健全，政府收入不再依靠税收，统治者也逐步开始并加大对科教文卫等公共事业的投入。据相关数据统计，1930年，在巴林教育机构备案的学生人数为500人，然而到了1938年，人数以三倍递增。[①] 第一台印刷机与第一家电影院也在20世纪30年代末出现，会社与俱乐部也应运而生。巴林石油公司甚至投身于失业人员再就业的计划中。

❖ 三、第一次世界大战后巴林国内的民族主义运动

第一次世界大战后，民族主义运动出现在巴林，正如潜伏在伊拉克的英国间谍曾在1920年说过："不幸的是，这里的人们已经知晓'布尔什维克主义'一词和布尔什维克的学说。"[②]民族主义运动出现的原因是复杂且深刻的，但不外乎这几点：第一，1917年俄国十月革命对广大亚非拉后发国家造成强烈的震荡与冲击，促进亚非拉的觉醒，海湾地区同样不例外。第二，20世纪30年代，全球性的经济危机也席卷了巴林，由于巴林的经济结构严重依附于英国，所以遭受破坏性冲击。第三，如上文所述，石油收入使得巴林政府部门复杂化，官僚群体的出现加剧了统治家族与平民之间的分歧与隔阂，社会两极分化倾向严重，矛盾一触即发。第四，政府虽加大对教育的投入，然而培养

---

① Carol Ann Gillespe, *Bahrain*, Phuladelphia：Chelsea House Publishers, 2002，pp.42.

② 瓦·拉·波将斯基：《巴林》，北京：人民出版社，1974年，第184页。

出来的学生没有在石油产业中实际操作的能力，就业压力不容小觑。

1919年11月，英国驻麦纳麦第二任政治代表H.R.P.迪克森来到巴林。他看到巴林人中盛行着"由来已久且异常强烈的反英情绪"，认为"促使巴林向英国屈从的原因不是发自内心的敬重而是恐惧"，因此感到十分不满。① 因此，他大刀阔斧地进行地方行政制度改革。1920年，迪克森命令成立麦纳麦四人委员会，负责监管交通、公共卫生健康等事务；解散私人护卫队，让对埃米尔忠心的人把持市镇委员会；宣布扩大英国对巴林的保护到"所有的领域，包括波斯和阿拉伯统治者"；成立10人"革委会"，一半成员由埃米尔任命，一半由他本人任命，"革委会"参与国家大事的咨议，尤其是商务事宜。

迪克森激进的改革在巴林犯了众怒：哈利法家族认为这样有损自己的威信；商人们觉得自己的利益受到伤害；而什叶派认为哈利法家族即将失势，要求免税。于是，1920年年底，曾担任伊拉克军总督的达利接替了迪克森的职务。军人出身的达利作风强硬，对行政制度改革不感兴趣，更倾向于简单粗暴的镇压措施。他上任次年就将麦纳麦市镇委员会重新洗牌，改革无以为继。除此以外，达利重用波斯人，让波斯商户当上了市镇委员会秘书长，而且当时有传闻称这位波斯秘书长会选择波斯人当警察。因此，巴林当地的巨商大贾再一次感到不满。

两位政治代表的举措都让哈利法家族的地位大打折扣，埃米尔为了保住家族利益，开始向什叶派劳工征税。这一举措激起什叶派的不满，他们请求英国人为他们做主，英国人也答应下来，但又得罪了逊尼派，挑起了严峻的教派争斗。到了1923年5月，阿瓦利和锡特拉的什叶派村落受到以达瓦斯尔和哈利法家族为首的逊尼派教众袭击，教派矛盾演变成大规模的武力冲突，英属印度殖民政府派军舰前来镇压。5月底，英国中校诺克斯授意巴林哈利法家族的哈马德驱赶逊尼派教众，并判处仇视改革的巴林商人流放至印度。② 5月21日，英国人逼迫伊萨让位于哈马德，各部落首领开会商议后同意此事。为了防

① Fred H.Lawson, *Bahrain: The Modernization of Autocracy*, Westview Press, 1989, pp.42.

② Fuad I.Khuri, *Tribe and State in Bahrain*, Chicago University Press, 1980, pp.95.

止事件继续发酵影响英国的利益，巴林所有关税收入被英国人存入东方银行巴林分行，一名印度税官被派到巴林监管巴林港口。

英国紧锣密鼓的反动措施进一步刺激了巴林人的民族情绪，之前反对改革的逊尼派商人组成了12人的"民族会议"，提出：第一，伊萨埃米尔应该复位；第二，应该由逊尼派和什叶派组成协商委员会协助政府。英国人当然不予允许，1923年11月初，英国人逮捕并流放了两位委员，抄没其他爱国者的家产，给地方行政大换血，任用的全是英国人的亲信。在此之后，英国人积极酝酿"改革"，1926年3月，巴林埃米尔的新任英国顾问查尔斯·D.贝尔格雷夫全面把持了巴林的内政。在他的主导下，巴林政府聘任3名英国人管控财政、税收和警察机关[1]。英国对巴林岛的统治权得到巩固。

自发现石油资源以来，巴林的石油产量一路飙升。据相关数据统计，1937—1940年，巴林的石油年均产量约100万吨。石油收入在国家财政收入中的比重从20世纪30年代中期的1/3增长到1940—1944年的60%~65%。[2]与石油产业的蓬勃发展相比，其他产业，如造船业和椰枣种植业连年亏损，从事这些产业的民众，尤其是农民，生活潦倒、境遇悲惨。石油产业的红利没有惠泽巴林北方与东海岸的民众，渔猎仍是他们主要的谋生手段。商业领域没有受到太大影响，相关贸易仍在有条不紊地进行着，比如巴林的粮食、糖、茶、肉与布匹等货物还是源源不断地销往沙特阿拉伯。

经济形势的变化没有过多冲击巴林的政治结构。在石油收入颇丰的前提下，埃米尔哈马德试图加强中央集权，重新建构中央行政部门，以肃清异己。为了防止1932—1933年的改革成果被大商贾颠覆，哈马德推行司法改革，以政府法院取代具有半官方地位的珍珠法庭。这一系列措施的结果是，第二次世界大战之前，巴林的珍珠产量逐年递增。

然而好景不长，到了20世纪30年代末，巴林的秩序被动摇。原因有以下几方面：第一，在德国的不断渗透下，1935年1月，波斯更国

---

[1]　Lionel Haworth，"Persia and the Persian Gulf"，*Journal of the Central Asian Society*，vol. 16（1929），pp.502.

[2]　Mohammed Ghanim al-Rumaihi，*Bahrain: A Study on Social and Political Changes Since the First World War*，Kuwait University Press，1975，pp.105.

号为"伊朗"，英国与伊朗的隔阂越来越大。同时，由于石油工业的繁荣，英国开始鼓励南亚劳工向巴林移民，并于1937年开始在工厂进行大换血，以印度裔劳工取代伊朗工人。此举给石油公司造成很大麻烦，因为伊朗工人的务工费低廉且数量众多，因而石油公司十分不满。第二，巴林当地的农业呈逐渐萎缩的态势，此时巴林国内的主要农副产品大多依靠进口，如从印度进口玉米、小麦和茶，从东非进口糖，从沙特阿拉伯与伊拉克进口椰枣。以进口为导向的农业决定了哈利法家族与亲英的大商贾的地位越来越牢不可破，截至1939年，富商阶层成了巴林政治中举足轻重的一股力量。

同时，随着1939年巴林第一份报纸《巴林报》的出版与次年巴林广播电台的诞生，普通民众开始有了知天下事的渠道和媒介。在此背景下，英国于20世纪40年代开始对巴林进行民主改造。1946年，英国将其在科威特的海湾地区行政驻地搬到了麦地那，随后紧锣密鼓地投入对巴林的建设。港口、机场、堤坝、公路等交通设施，影剧院、图书馆、俱乐部等文化设施，以及报纸、广播、电话、电报、邮政等信息传媒设施相继亮相。除基础设施以外，教育和医疗卫生也有长足发展。在1925—1950年，新修学校26所，学生人数上升至4 800人。政府出资兴办了5个医疗点和检疫站。当然，存在的问题也不少：首先，文化设施虽有所发展但不完善，图书馆数量很少。本土电影产业发展迟滞，影剧院播放的全是欧美的舶来品。其次，1939年第一家报纸的出现带来的不是自由民主的新闻舆论环境。1945年，作为巴林第一份民族主义报纸，《新报》被查封，并且在此之后，政府实行极其严格的新闻监督审查政策。再次，学校数量的增长没有扭转巴林国内文盲率居高不下的现状，文盲率依旧高达80%。由于底层民众极度贫困，孩子们都必须很早外出打工挣钱，即使是免费教育也没有条件接受。最后，政府对医疗卫生的投入不够，传染性、流行性疾病依旧肆虐，巴林人口死亡率仍然很高。

❧ 四、第二次世界大战对巴林的影响

由于一直是英国的战略基地，第二次世界大战期间，巴林不可避免地被拖入战争的泥潭中。伊朗先发制人，以维护其安全为由对巴林发动攻击。巴林政府迅速做出回应，于1941年7月初逮捕并驱逐了

150名伊朗人。

第二次世界大战打响之后，巴林政府较有先见之明，严格管控国内的食品供应。首先，政府迅速掌控粮食供应。1940年，巴林政府从印度购买了25 000袋大米，并且命令商人上缴手中的粮食清单。[①]紧接着，由于担心食品价格随着战争波动，政府严格控制了其他商品的价格，并实行配给制度。1942年3月，巴林政府在麦纳麦设8个站点，分发食用糖。次年，政府在麦纳麦建立3个食物储存站，以备不时之需。同年，巴林椰枣短缺，于是政府当机立断，向沙特阿拉伯和伊拉克求助。到了1944年，巴林政府已经完全控制了市面上的粮食、茶叶、椰枣、肉类和糖的流通。

然而，在政府积极为战时食品供应筹备时，一些不法商人也四处奔走，将国内的物资走私出境，希望可以大发战争财。1939年，糖等食品就不断从巴林的黑市向外走私。1942年，巴林国内的非法建筑材料被走私到半岛东部和伊拉克等地。当巴林和印度的贸易中断后，巴林的黑市走私达到巅峰。政府面对猖獗的走私活动试图有所作为，专门成立了委员会监管贸易行为，但没有发挥应有的作用。巴林政府一度查抄了黑市的存货，但还是无法阻止猖獗的黑市贸易。

在战争期间，工人罢工也此起彼伏。最初是因为巴林石油公司在1943年扩大锡特拉炼油厂生产规模，引进了更多的工人，但是工人工资还是低得可怜。因此，巴林开始出现持续的工人罢工。巴林石油公司口蜜腹剑，承诺如果工人在年底复工就增加津贴，但又联合警察逮捕了罢工的领导人，暂时将罢工运动平息下去。

第二次世界大战末期和后期，巴林的经济发展势头良好。1939—1940年，巴林财政收入约为370万卢比，约合150万美元，石油收入占国家财政收入的64%。6年之后，巴林财政收入上升至560万卢比，约合226万美元，而石油收入所占的比重仅为37%[②]，这意味着巴林的民族工商业开始获得发展。巴林政府战后逐步加强对工商业、建筑业

---

① Robin Bidwell, "Bahrain in the Second World War", *Dilmun* 12, 1984/1985, pp.34-36.

② Mohammed Ghanim al-Rumaihi, *Bahrain: A Study on Social and Political Changes Since the First World War*, Kuwait University press, 1975, pp.105.

和现代工厂的监管，并且进一步加大对公共教育和医疗卫生的投入。1942年，在政府投资修建公共医院的推动下，巴林的医疗卫生网络覆盖了各大村落。巴林的麦纳麦大学也于1945年建立。第二次世界大战后，巴林商业进入腾飞期。有记载称巴林市场充斥着进口商品，"店铺面貌焕然一新，商品琳琅满目，从欧美进口的生活必需品和奢侈商品应有尽有。中产家庭大量消费进口的欧洲罐装食物、相机和收音机等商品"①。许多巴林商人从事与卡塔尔等国和地处偏僻的石油公司之间的贸易。工商业的发展让石油收入占财政收入的比重一路下降，到了1949年，巴林的石油收入只占国家财政收入的31%。

20世纪40年代，巴林一些过去的大家族开始重新占据举足轻重的地位。这是因为欧洲和美国的国际公司在海湾寻求投资时，选择与当地的大家族，尤其是商业家族合作，垄断相关经济门类。20世纪30年代采珠业的衰落给这些家族造成了重创，他们此时抓紧机遇，再次聚敛财富，在上流社会崭露头角。

❀ 五、20世纪50年代的巴林民族主义运动

20世纪50年代，巴林的民族主义运动达到高潮，1951年的伊朗石油国有化运动是其导火索。1951年2月，英国驻德黑兰大使访问麦纳麦引发民众的抗议浪潮；3月，巴林石油公司工人举行大罢工，英国积极准备武力镇压；5月，伊朗"民族阵线"议员阿里·舒什特里声称巴林属于伊朗，因此巴林诸岛的石油企业统归伊朗。美国的模糊态度助长了伊朗的态度，1951年6月，伊朗向联合国抗议巴林在国际铁路运输协议上签字，坚称巴林是伊朗的领土，因此"巴林埃米尔签署的任何国家协定不具有法律效力"②。伊朗对巴林主权的宣示引起了巴林民众的示威活动，他们要求驱逐埃米尔萨勒曼和英国顾问贝尔格雷夫，并且将石油产业国有化。1951年6月30日，军警向示威群众开枪，打死6人，打伤20余人。随后，英国人大肆搜捕示威群众，但没能将示威运动镇压下去。埃米尔和英国"顾问"意识到武装镇压会起相反作用，于是对民族主义运动进行内部分化瓦解。埃米尔首先发起

---

① James H.D.Belgrave, "Oil and Bahrain", *World Today*, 1951, pp.78.

② 瓦·拉·波将斯基：《巴林》，北京：人民出版社，1974，第209~210页。

"解释运动",次年,殖民者的策略达到了目的,巴林国内的民族主义运动演变为逊尼派和什叶派的冲突。随后,英国与美国达成一致,1952年美国政府向伊朗首相摩萨台施加压力,伊朗不再坚持对巴林的主权,也不再提起巴林石油收归伊朗国有。

尽管殖民者取得了暂时胜利,但是民族主义运动在巴林民众心中打下了深刻的烙印。反英的斗争变成了以巴林石油公司为中心,覆盖全岛的群众性运动。1954年,巴林相继发生了出租车司机大罢工、国营造船厂工人罢工和石油工人罢工。民族主义运动很快有了组织,8人最高执行委员会在麦纳麦成立,后来该机构更名为"民族团结委员会"。以新闻记者阿卜杜·拉赫曼·巴基尔为首的委员向埃米尔请愿,承诺罢工活动既不针对埃米尔及其家族,也不针对英国人。[1]随后,委员会进一步提出要求,包括:实行劳动法,赋予工会合法地位,合理化审判程序;实行普选制,组成立法会议,制定民法典和刑法典,设立上诉法院,设立职业法官掌握审判权,成立选举产生的委员会组织科教文卫活动;最核心的要求是禁止英国把持并干预巴林内政,驱逐英国"顾问"。面对民族主义者咄咄逼人的态势,埃米尔于1954—1955年同他们举行会谈,会谈结果为:同意拟订并实行劳动法;同意修正审判程序;同意成立选举产生的委员会组织科教文卫活动。萨勒曼埃米尔对其他要求避而不谈。

1955年10月,马斯喀特和英国对阿曼发动侵略,巴林国内一片哗然。1956年3月,巴林民众扔石块袭击了前往麦纳麦访问的英国外交大臣;抗议的浪潮于3月10日再一次席卷巴林国内;12月,民众再次举行罢工。随后,警察与罢工群众发生冲突,民族团结委员会再次高呼驱逐侵略者,但被军警镇压。

1956年7月26日,巴林的民族主义运动再度因埃及苏伊士运河国有化而沸腾,巴林国内爆发了反对英法军队入侵埃及的示威活动。11月3日,英国正规军开始弹压巴林的示威活动,并且实行了10年国家紧急状态法,不允许群众进行一切政治活动。民族团结委员会被取缔,其刊物被停止,3名委员被流放,其他成员逃往埃及与科威特。

---

[1] Mohammed Ghanim al-Rumaihi, *Bahrain: A Study on Social and Political Changes since the First World War*, Kuwait University Press, 1975, pp.296.

1957年，伊朗再次与英国对巴林展开争夺。11月11日，伊朗内阁通过草案，同意将巴林划为伊朗的一个省。英国立即表示抗议，声称英国将维护作为"独立国家"的巴林的主权。伊朗不予理会，于15日公开宣布巴林是伊朗第十四个省。此举引起埃及等阿拉伯国家的不满，12月26日，在开罗召开的亚非人民团结大会承认巴林的独立权利，大会同时要求外国驻军撤出巴林。1958年，英国企图迫使巴林加入巴格达条约组织，但未成功。

1957事件使得英国致力于调整措施恢复巴林社会秩序。调整后的巴林行政结构呈现新特点：第一，埃米尔有最高立法权，但是活动机构是8人最高行政委员会。委员会成员的一半由哈利法家族成员担任，其余为下级部门推举上来的官员。第二，委员会掌管16个部门和专门委员会，包括两类部门：行政部门（警察和公安、司法、土地、民事案件等）与经济部门（财政、公共工程、农业、水利等）。除上述两大类之外，另设机构，主管城市市政和乡村村社委员会。第三，伊斯兰教法法庭只能受理宗教内的私法，如穆斯林离婚和继承案件；其他案件只能由当地法院（初级法院、上诉法院和高级法院）审理；牵涉居住在巴林的海湾国家公民的案件由当地法院审理。英国、美国和印度等国籍的外国人不受巴林当地法院节制，受英国政治代表司法管辖。1958年，巴林通过了第一部劳动法，并在埃及专家帮助下，制定民法典和刑法典。

第二次世界大战使英国实力大打折扣，渐渐无力维持对中东的控制。1968年，英国宣布其对海湾国家的保护将在3年后终止。卡塔尔、巴林与海湾地区的其他酋长国尝试结盟，但没能成功。当伊朗再一次宣布对巴林拥有主权时，巴林人民于1970年举行公投，决定建立独立的巴林。1971年8月15日，巴林最终独立，伊萨·本·萨勒曼·哈利法成为独立后的第一任埃米尔。

第五节　　当代史

❋ 一、20世纪70年代的巴林民主改革

　　1971年巴林取得独立地位，整个20世纪70年代就是巴林政治民主化进程的分水岭。1971年12月，埃米尔伊萨提议建立立宪制政府；1972年6月，制宪会议成立。当然，巴林的宪政有明显的缺陷，既没有民众主权，也没有民主政治的概念。1972年12月1日，独立后的巴林进行第一届议会选举。20岁以上的男性公民都有选举权，19个选区最终产生22名宪法会议代表。除上述22人之外，宪法会议代表还包括12名内阁成员与埃米尔直接任命的8名议员。最终的选举显现出两方面倾向：首先，代表了各个选区民众的心声，特点为选民代表多样化；其次，保守派力量较自由派力量有优势。1973年12月，巴林举行国民议会选举，并且颁布了宪法，宣布成立国民议会，实行君主立宪制，埃米尔为国家元首。

　　两次选举极具相似性，表明政治民主的局限性。巴林存在着各种不同的群体，他们的需求没有得到满足：（1）中等阶层，如受过高等教育的专业人员和小商人要求制定选举制度。（2）议员们先后成立了三个组织，都要求埃米尔结束1965年4月实行的公共安全法，PFLO-AG提出国家应终止"紧急状态"。（3）中等阶层妇女也要求公民权。巴林青年女子社团、阿瓦利妇女社团和里法妇女社团等团体高声谴责政府剥夺了妇女的选举权。（4）本土商业显贵在议会选举方面持中立态度，不反对也不参与。他们拥护立宪，但并不支持政党与反对派的权力争斗。

　　巴林国内存在三股政治力量：一是民众集团，由伊斯兰激进组织和复兴党组成，分布于麦纳麦和穆哈拉格的什叶派乡村，主张工会主义，要求工人参与经济政策的制定；二是宗教集团，主张以教法规范社会秩序和人们的行为准则；三是独立人士。

　　1975年8月，伊萨埃米尔解散议会，迫使总理辞职，改行君主制。在此之后，埃米尔通过了之前不被国民议会通过的《国家安全

法》及其补充法《国家安全法庭审判法》，规定只要公民有嫌疑危害国家安全，司法机关即可不经过审判予以拘留三个月。20世纪70年代的民主改革就此以失败而告终。

改革失败的原因深刻且复杂：第一，哈利法家族与普通民众对民主程度的需求不同；第二，哈利法家族本身在政治民主化问题上态度并不坚定；第三，巴林社会中还残存着部落社会的因素，在社会传统和理念上不具备民主的基础。

❧二、20世纪70年代末以来巴林什叶派运动的发展

伊朗伊斯兰革命对巴林什叶派造成了不可估量的影响。1978年，霍梅尼的私人代表、伊拉克宗教学者穆达里希兄弟与伊朗宗教学者萨代赫·鲁哈尼相继来到巴林，煽动巴林什叶派进行示威活动，随即被驱逐。1979年11月，在穆达里希的主导下，流亡于伊朗的巴林反政府什叶派成立了巴林第一个什叶派政治组织——巴林伊斯兰解放阵线（IFLB）。两伊战争爆发后，哈利法家族支持伊拉克的行为让伊朗极为不满，于是伊朗资助反政府什叶派。在伊朗的帮助下，1981年和1987年，IFLB企图以军事政变瓦解哈利法家族，效仿伊朗建立伊斯兰共和国，但都没有成功。

什叶派在20世纪80年代举行多次游行，其核心诉求是扩大就业，恢复宪法，但是收效甚微，主要是因为：第一，此时什叶派组织较为涣散；第二，大多数什叶派较为温和，没有颠覆政权的愿望，并不支持IFLB[1]；第三，巴林主流舆论长期将IFLB定性为伊朗的"第五纵队"，该组织在国内名声不佳。

20世纪90年代以后，巴林逊尼派统治家族与什叶派的矛盾进入白热化状态，严重威胁国家的稳定。1992年，埃米尔下令建立只有咨议功能的协商委员会，以期平复民怨，但是收效甚微。1994年10月，什叶派乌莱玛与逊尼派反对派联名递交有2.5万人签名的请愿书，请求埃米尔恢复议会。然而，埃米尔不仅无视这些诉求，并且逮捕了3名什叶派领袖，此举引发什叶派大规模暴力示威活动。1995年3月，银行、巡逻站、学校和供电站受到什叶派的冲击，麦纳麦一片混乱。埃

---

[1]　R.K.Ramazani, *Revolutionary Iran：Challege and Response in the Middle East*, London：The Johns Hopkins University Press, 1986, pp.50-52.

米尔派出重兵镇压，3名警察和14名什叶派死于暴乱①，而《经济学家》报道称，约1.5万人被捕②。这次的"巴林因提法达"（意思是起义）的发生奠定了什叶派乌莱玛在教众中的领导权，为巴林什叶派全权代言。以维护什叶派利益为宗旨的巴林自由运动（又称为巴林解放运动或巴林伊斯兰运动）也在这一时期成立，成为巴林最大的什叶派组织。在国内，该组织立场较为温和，摒弃了激进的什叶派特征，并不以颠覆政权为目标，积极寻求与哈利法家族的合作。在国外，他们积极向媒体介绍并披露巴林的人权状况，使得巴林什叶派的境遇得到国际社会的广泛关注。其中，1997年人权观察组织针对巴林政府侵犯人权的报告和欧洲会议要求巴林释放政治犯的决议，给埃米尔造成了不容小觑的压力。20世纪90年代还存在激进分子采取极端暴力方式的案例③，但总体来说没有对政局造成影响。

2000年以后，巴林什叶派整合为三个有影响的政治组织：（1）影响最大、成员最多的是伊斯兰民族和谐协会。该组织继承了20世纪90年代的巴林自由运动，目标是世俗性的，主要为改变什叶派境遇。（2）穆罕默德·阿里·马哈福兹领导的伊斯兰行动协会，主要诉求为政治改革。它的前身为巴林伊斯兰解放阵线，主张以伊斯兰教法组织社会秩序。由于受到逊尼派和部分什叶派的攻击，后来变得温和，不再叫嚣颠覆国家政权。（3）成立于2004年的伊科哈，成员数量极少，约有百人，以维护巴林境内的伊朗裔什叶派权益为宗旨。上述政治组织的人员构成和政治倾向各有差异，但是共同点在于推动政治改革，消除歧视，改善什叶派境遇，手段也大多是和平的。

尽管什叶派的平等权益要求与哈利法家族之间存在着不可消除的矛盾，但是统治阶层还是实行了一些改革措施，意图平复民众的激进

---

① Munira A.Fakhro, "The Uprising in Bahrain: An Assessment", in Gary G. Sick and Lawrence G.Potter (Eds), *The Persian Gulf at the Millennium*, London: Macmillan Press Ltd, 1997, pp.180.

② Sakr Naomi, "Reflections on the Manama Spring", *British Journal of Middle Eastern Studies*, vol 28, no.2 (2001), pp.230.

③ Uzi Rabi and Joseph Kostiner, "The Shi' is in Bahrain: Class and Religious Protest", in Ofra Bengio and Gabriel Ben.Dor (eds), *Minorities and the State in the Arab World*, Boulder: Lynne Rienner Publishers, 1999, pp.184.

情绪：第一，哈利法家族分化了反对派中的逊尼派与什叶派。两者曾经长期合作，并肩奋斗。但是，哈利法家族为转移民众视线，将两派都参与的请愿活动装扮成什叶派发动的教派冲突。此外，统治者将伊朗伊斯兰革命爆发后的所有政治运动歪曲为什叶派对逊尼派实施专政和迫害的图谋。这样做确实阻止了两派继续合作的空间，拉拢了逊尼派，但是不经意间将构建出的教派冲突放大，造成了极其负面的影响。第二，哈利法家族蓄意将什叶派反对派描绘为伊朗的"第五纵队"，放大政治运动中的外部伊朗因素。但是，事实上，巴林什叶派与伊朗的关系主要是宗教层面上的，大多数什叶派民众比较温和，没有推翻政权的愿望。巴林的什叶派因此声名较为负面，这进一步促成了逊尼派与什叶派的分道扬镳。第三，巴林就什叶派问题与海湾其他国家达成战略同盟，争取资金和政治支持。相关人士估计，沙特阿拉伯向巴林提供的经济援助在政府预算中所占比例达到45%。哈利法家族也欢迎瓦哈比派对巴林进行渗透，这引起了什叶派对沙特阿拉伯的仇视，潜移默化地把巴林的政局同沙特阿拉伯捆绑在了一起。第四，哈利法家族对国家和社会进行全方位的管控。1974年，巴林政府通过《国家安全法》，并实行封锁消息和严格新闻审查等政策。为了保护逊尼派的政治优势，巴林吸收了大量境外逊尼派穆斯林，以稀释安全部门与内政部门等机构中的什叶派。巴林统治者还严密管控教育系统。将军担任巴林大学校长，学校广设告密者，并且对什叶派学子上大学做出诸多限制。另外，宗教机构、财政部门也是政府密切监视的重点。

　　伊拉克战争结束后，什叶派政党的崛起刺激了巴林什叶派，引发了新一波的游行抗议浪潮。在巴林什叶派人口增速较快的前提下，少数逊尼派和多数什叶派的不平衡权利对照更加明显。巴林什叶派极度渴望效仿伊拉克，通过民选改变政治地位。

第三章　政治

第一节　　国家标志

巴林全名为巴林王国。

巴林国旗呈长宽比为5∶3的长方形，旗面由红、白两色构成。靠旗杆一侧为白色，另一侧为红色，两色面积约为1∶3，结合处为锯齿状。

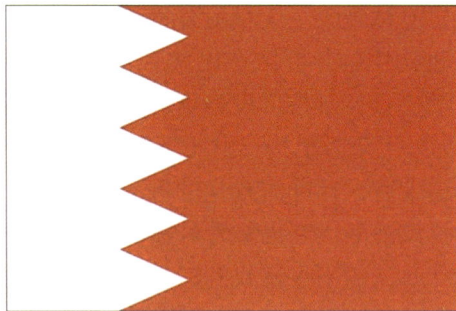

巴林国徽也由红、白两色组成，一张绘有国旗图案的盾牌居于正中，周围由叶片装饰。

巴林国歌于1971年开始使用，国歌名为"我们的巴林"，具体歌词如下：

我们的巴林

我们的国王

一个和谐的象征

宪法是在地方和位置

章程是方式教法，阿拉伯主义和价值观

万岁巴林国贵族的王国

和平的摇篮

宪法是在地方和位置

章程是方式教法，阿拉伯主义和价值观

万岁巴林王国

神圣的国家

和平的摇篮

她的宪法高高在上，地位不动摇

她的宪章反映出沙里亚、阿拉伯主义及她的价值观

巴林王国万万岁

第二节　宪法

　　1973年6月，巴林42人制宪会议草拟的宪法获得通过，并于当年12月正式颁行。宪法由五部分构成，即国家和政府制度，社会基本要素，公民权利与义务，国家权力机构，以及一般性条款与最后决定。宪法明确规定了国家性质、政府制度、国家机构职能，并且奠定了国家基本政治、法律制度的基础。

　　哈马德即位后开启政治民主改革，2001年2月，新拟订的《民族行动宪章》以98.4%的投票率获得通过，并于次年2月14日正式颁行。新颁布的巴林宪法做出以下规定：国家为君主立宪制，最高元首埃米尔改称国王，协商议会被解散，改两院制议会，国家三权分立，修改国旗与国歌。

　　哈马德国王于2012年5月3日正式宣称修宪：国王必须征得两院领导人同意后方可解散议会，下议院为民选议院，有权决定同首相合作，有权向国王呈递是否免除首相职务的决议，议会对大臣有质询权甚至罢免权。在新修改的宪法下，议会权力进一步扩大。

第三节　　政治性团体

　　巴林的统治中心为哈利法家族，禁止成立政党，但允许成立政治性团体。有几股力量对巴林政府形成制约，成为主要的反对党派。

一、劳工运动

　　劳工运动分为两支：一支为工会。它是20世纪50年代民族主义运动的中流砥柱，六七十年代是反对派的核心力量。1974年的巴林罢工被政府镇压，此后工会力量逐步被削弱。另一支是革命先锋队，它代表了劳工运动的激进派，但力量相对较弱。工人一直是巴林最主要的反对派政治力量。

二、左派

　　巴林的左派组织虽没有劳工运动的社会动员性广，但在20世纪60年代以后，也发挥着举足轻重的作用。1974年，解放阿曼和阿拉伯海湾民众阵线（PFLOAG）分裂，巴林分部组成由知识分子构成的巴林人民阵线（PFB）。除此之外，巴林还存在其他反对派组织，如激进势力和工会主义团体支持的巴林民族解放阵线（NLFB），由知识分子构成并且由伊拉克指导的复兴党等。1979年年底，PFB与NLFB缔结了《共同政治平台》文件，内容为建立议会政府和建立独立的工会组织。

三、伊斯兰运动

　　该运动具有"民众主义"的特征，主张平等主义的原则和草根阶层的组织模式，[1]并且有两个派系：一个由逊尼派组织、伊斯兰号召党的什叶派成员组成，要求温和改良社会现状；另一个由什叶派的伊斯兰行动阵线和解放巴林伊斯兰阵线组成，要求暴力推翻政权。1979年伊朗伊斯兰革命发生后，8月，麦纳麦1 000名什叶派穆斯林进行示

---

　　① James A.Bill，"Resurgent Islam in the Persian Gulf"，*Foreign Affairs*，vol.63（1984），pp.108-127.

威活动，声援伊朗伊斯兰共和国与巴勒斯坦民族运动，随后被警察暂时弹压。20世纪80年代初，什叶派就伊拉克政府处决什叶派"号召党"领袖萨德尔而进行抗议，引发了社会骚乱。1982年，巴林当局宣布1981年试图破坏政府大楼的组织由来自德黑兰的人员领导，在此之后，政府投入大量精力抓捕伊斯兰激进主义者，使伊斯兰运动的热度骤减。

四、什叶派

长期以来，巴林的什叶派对自身的政治、经济与宗教地位均多有不满，对政府的抵抗情绪逐渐放大。因此，2011年席卷西亚、北非的"阿拉伯之春"在巴林产生的反响主要体现在以什叶派为主的民众走上街头进行示威活动。其中，什叶派最大的政党"维法克"在运动中居于领导地位。该党进行政治改革的愿望强烈，在运动后期与其他组织共同起草了"麦纳麦文件"，要求实行民主化政治。2016年6月14日，巴林行政法院以"传播极端思想，从事恐怖暴力活动，并与境外势力勾结，破坏国家安全"为名，关闭"维法克"总部，冻结该党的党产。

五、其他党派与组织

其他党派与组织有"二月十四日"青年运动、民族团结集会、阿萨拉党与萨沃特阿尔法塔赫等。

2001年年底，巴林当局赦免了流亡海外的政治犯；巴林政府同意授予"左倾"和全国民主行动社团（前身为共产主义社团）、伊斯兰行动社团万法奇（由激进的什叶派组成）等非政府组织合法地位。2002年5月，巴林进行市镇选举，在50个席位中，反对党赢得了21个。无独有偶，埃米尔哈马德开了先例，同意反对党参加2006年议会大选，成为巴林政治民主化进程中的里程碑。

第四节　　议会

❀ 一、协商委员会①

1992年，埃米尔伊萨颁令，30人协商委员会成立。协商委员会成员均由埃米尔任命，职能是辅助埃米尔和内阁执政，埃米尔有权解散。1996年7月，该机构增加10个席位，总共达到40人。议员任期4年，可被多次任命。2010年11月，本届协商委员会组成，主席为阿里·萨利赫·本·萨利赫。2006年12月，阿里首次被任命为主席，2010年11月获得连任。协商委员会实际为上议院，主要职能有：

（1）在呈递给埃米尔之前，对部长委员会草拟法案提出意见和建议；

（2）对部长委员会制定的政治、经济、文化、社会和行政领域的国家大政方针提出意见和建议，意见人数不少于10人；

（3）对公共服务及公共设施、国家发展方针及其不足和改进方法提出意见和建议；

（4）对如何推进国家经济部门发展，克服发展中存在的问题提出意见和建议；

（5）对内阁认为有必要咨询的相关事宜提供意见和建议。

协商委员会下的职位及常设机构为：

第一，主席。其职权为：总负责协商委员会的各项工作；直接领导协商委员会总秘书处；协调下设各委员会之间的关系，监督各委员会工作；召集并主持协商委员会例会及紧急会议；有必要时，可以要求下设委员会就重要或紧急议题召开会议，并主持会议；为协商委员会代言并以协商委员会之名与其他部门沟通联系。

第二，协商委员会办公室。该机构为常设机构，由协商委员会主席、2名副主席及5名下设专门委员会主席组成。主要职能是制定会议议程，审查年度预算与决算，协助各委员会工作，并负责打理休会期

---

① Bahrain：Consultative Council，*Arab Llaw Quarterly*，vol.8，no.3（1993），pp.234.

间的各项事务。

第三，总秘书处。主要职能是处理日常行政工作，由主席直接领导。分支机构包括会务局、议员局、议会事务局、人事局和网络局，分别负责会议安排及记录、议员发言计时、接受议员提案、接受各专门委员会报告并将之转呈协商委员会办公室。

第四，常设委员会。共有6个：

（1）立法及法律事务委员会。主要职能是：研究法案及其是否违宪，协助其他委员会审订提案文本；处理有关免去议员身份、终止议员豁免权等事务；其他委员会职权之外的事务。

（2）外事、国防及国家安全委员会。主要职能为：研究国际政治与巴林外交政策；审议巴林政府对外签订的条约与协议；讨论巴林面临的外部国家安全问题、国内安全事务及有组织犯罪等议题。

（3）财政与经济事务委员会。主要职能为：审议政府预算与决算，研究国家经济发展计划，讨论政府预算内建设项目以及与政府各部有关的财政或经济项目。

（4）社会服务事务委员会。主要职能是处理科教文卫与社会服务相关事务。

（5）公共事业与环境委员会。负责农业、水利水电、交通、邮政、住房保障、市政建设及环境保护等相关事务。

（6）妇女儿童事务委员会。主要职能有：审议妇女儿童相关事务的法律、政策草案，并向协商委员会提交有关报告；就关于妇女儿童事务向其他委员会提供咨询；跟进并监督议会做出的妇女儿童相关决议的实际进展。

巴林协商委员会还与其他国家议会或立法机构进行友好往来。2007年12月3日，巴林协商委员会宣布，分别与欧洲议会及英国、法国、美国、加拿大、沙特阿拉伯、摩洛哥与约旦等国组建双边友好委员会。2009年11月25日，巴林协商委员会继沙特阿拉伯与卡塔尔之后，正式通过了"海湾货币联盟协议"和《海湾货币委员会基本准则》。

❧ 二、众议院

巴林的众议院有40名议员，议员投票产生议长。众议院拥有立法权，对内阁成员有质询权，还可以发起"不信任投票"。在这个投票环节，如果内阁成员获得的票数没有过半则必须辞职，或是由国王下令解散议会重新进行议会选举。众议院的议员由40个不同选区的选民直接选举出来，任期4年，政策允许议员参加连选或是连任。

众议院议员选举有一个完整的制度规范：

（1）宪法规定凡年满20周岁，享有完全公民权和政治权利且有读写能力的公民皆享有候选资格。

（2）凡年满20周岁，且不曾被剥夺选举权的公民都享有选举权；选民们在所居住的选区进行投票；海外公民也有选举权，并且不限选区。

（3）选举委员会是巴林的选举机构，专门负责众议院议员选举。通常司法与伊斯兰事务大臣担任该机构主席，执行委员会以主席的名义执行工作。执行委员会成员有3人。巴林国内的人权组织可以监督各选区的选举。

（4）选举还有一套严格的程序：首先，各地政府组织选民登记，并张榜公示选民名单；其次，选举开始后45日内第一轮选举结束，得票率过半的候选人当选；再次，如果没有得票率过半的候选人，则得票率排名前两位的候选人进入第二轮选举，票数多者胜，第二轮开始后30日内完成。

众议院下设的主要职位与机构为：

第一，议长。其主要职能为：总领各项工作；直接领导总秘书处；负责各委员会之间的沟通协调工作，并督导各委员会各司其职；召集例会与紧急会议；如有需要，召集并主持有关重要或紧急议题的会议；为众议院代言，并负责众议院与其他机构的沟通协调工作。

第二，众议院办公室。该机构为常设机构，成员包括议长、两名副议长、立法及法律事务委员会主席、财政与经济事务委员会主席。其具体职能是：制定议程，安排提案的讨论顺序，审查年度预算与决算，审议各委员会提交的报告以及议员的出访报告，并负责打理休会期间的各项事务。

第三，总秘书处。该机构为办事机构，由议长直接领导，主要职能是日常行政事务，具体包括负责会议安排及记录、议员发言计时、接受议员提案及各专门委员会报告、维护设备与网络等。基本下设部门有议会内部事务局、公共关系与新闻局、会务局、委员会事务局、议员事务局、人力资源局、信息技术局等。

第四，常设委员会，总共有5个：

（1）立法及法律事务委员会。主要职能是：研究法案及其是否违宪，协助其他委员会审订提案文本；处理有关免去议员身份、终止议员豁免权等事务；处理其他委员会职权之外的事务。

（2）外事、国防及国家安全委员会。主要职能为：研究国际政治与巴林外交政策；审议巴政府对外签订的条约与协议；讨论巴面临的外部国家安全问题、国内安全事务及有组织犯罪等议题。

（3）财政与经济事务委员会。主要职能为：审议政府预算与决算，研究国家经济发展计划，讨论政府预算内建设项目以及与政府各部有关的财政或经济项目。

（4）社会服务事务委员会。主要职能是处理科教文卫与社会服务相关事务。

（5）公共事业与环境委员会。负责农业、水利水电、交通、邮政、住房保障、市政建设及环境保护等相关事务。

三、议会立法程序

（一）内阁提出的法规草案的审议程序

内阁提出的法规草案的审议程序如下：

（1）首相向众议院呈递草案，15日内进入审核程序，如果逾期，内阁可以递交协商委员会审核；

（2）内阁提交草案的审议优先次序由众议院办公室安排，随后，办公室将有关草案先后送往相关专门委员会及立法与法律事务委员会审阅；

（3）相关专门委员会就上述草案汇总立法与法律事务委员会修改意见后，呈众议院会议通过；

（4）如众议院通过该草案，将送至协商委员会审议；

（5）如协商委员会审议通过，则发回内阁，随后内阁呈国王批准签署，公开发布；

（6）如协商委员会未通过，该草案将被送还众议院再次审议、修改后送协商委员会二读；

（7）如协商委员会二读仍未通过，则召开两院大会，由两院议员共同投票，按简单多数决定是否通过该草案。

（二）众议员提出的立法草案的审议程序

众议员提出的立法草案的审议程序如下：

（1）立法草案由不超过5名众议员联名提出，并呈交众议院议长；

（2）议长将该草案先后呈递给相关专门委员会及立法与法律事务委员会审阅；

（3）相关专门委员会就上述草案汇总立法与法律事务委员会修改意见后，呈众议院办公室，由众议院办公室决定众议院会议审议时间；

（4）众议院就该草案进行辩论，如草案获通过，众议院将其送还内阁，并由内阁将该草案以内阁法规草案形式再次送众议院审议，此后审议程序与审议内阁提出的法规草案程序相同。

第五节　　国家元首

根据1973年宪法，巴林最高元首为埃米尔，同时兼任武装部队总司令。哈利法家族一直居于巴林政坛的核心地位，独立后的巴林第一任埃米尔是伊萨·本·萨勒曼·哈利法，埃米尔之位为世袭。哈马德·本·伊萨·阿勒·哈利法于1999年3月6日即位，成为最后一任埃米尔。

伊萨·本·萨勒曼1933年出生于麦纳麦，1958年成为王储。1961年，时任巴林埃米尔萨勒曼·哈利法逝世，身为王储的伊萨继位。自19世纪以来，巴林一直是英国的保护国。第二次世界大战对英国造成重创，英国式微后便逐渐退出中东的国际舞台。摆脱英国人控制之后，巴林一度欲与卡塔尔、特鲁西尔等7国组成联邦国家。然而，埃米尔伊萨对草案中有关宪法的某些内容感到不满，遂决定谋求完全独立。1971年，巴林国独立。12月16日，埃米尔伊萨·本·萨勒曼登基。

2002年颁行的宪法规定巴林为君主立宪制国家，埃米尔改称国王。2002年2月14日，哈马德埃米尔改称国王。10月，哈马德国王恢复了议会，议会有权审批法令。新宪法规定：国王是"不可侵犯的"，继承制度为父死子继，国王可以任命或罢免首相与内阁大臣，批准和颁布法律制度，任免上议院议员、法官高级司法委员会主席。此外，国王批准并保证宪法法律的执行，有修改宪法的权力。

第六节　政府

一、内阁

巴林的内阁一直由王室把持内阁中最重要的职位，如内务大臣、国防大臣和外交大臣往往都由哈利法家族成员担任。现任国王哈马德的叔父哈利法·本·萨勒曼·哈利法自20世纪70年代末以来，一直担任首相职位，而哈马德本身在伊萨一朝也曾担任国防大臣。

2006年12月，巴林内阁经过调整，确定了基本的格局，包括首相1名，副首相4名，外交大臣1名，内政大臣1名，工商大臣1名，国防大臣1名，财政大臣1名，文化大臣1名。

巴林的统治结构自20世纪80年代以来就逐渐固化，没有任何改变。哈利法家族的内部事务由一个委员会管理，委员会由埃米尔主持，负责监督每月津贴和其他经济收益的分配。成立委员会的目的是预防家族内讧与统治集团内部分裂。1997年，巴林效仿沙特阿拉伯，组建国民卫队，增加军警数量，以强化哈利法家族的统治权威。

二、国家机构

国家机构除协商委员会、众议院外，还包括劳工立法顾问委员会、行政委员会、最高人力资源委员会和国务委员会。

（一）劳工立法顾问委员会

巴林的9人劳工立法顾问委员会成立于1955年4月，基本职能是精准阐释劳工法，维护劳工立法权益。9名委员分别是2个哈利法家族成员、1个英国顾问、3个当地石油企业代表和3个工人代表，都由国家元首任命。劳工立法顾问委员会的现任主席是伊萨埃米尔的堂兄阿里·本·穆罕默德。

（二）行政委员会

巴林的行政委员会成立于1956年3月，成立之初设有11个席位，包括1名主席、哈利法家族的6名成员、1名劳工立法顾问委员会的英国顾问、3名商人。1964年7月后席位增加到12个。委员会共设有21个部门，直接向埃米尔负责，其中最重要的部门是劳工和社会事务部，有权批准建立劳工组织。

（三）最高人力资源委员会

在1975年的巴林劳工法颁布后，巴林最高人力资源委员会成立。主要职能为人力资源的培训与调拨，向卫生、商业、教育、发展和工业部提供"中央社会项目"。委员会规定，凡是企业规模达到200人以上或聘任外籍员工必须在劳工和社会事务部备案。

（四）国务委员会

巴林的国务委员会成立于1970年1月，取代了行政委员会。该委员会是咨询性质机构，成员有12人，分别来自财政和国家经济部、劳工和社会事务部以及教育、卫生、国防和综合安全等部门。会议一年召开两次。国务委员会较行政委员会机构等级更分明，各司其职。各部门领导向主席哈利法负责，并不越级向埃米尔负责。除此之外，部门的整合更合理化。综合安全部由以前的警察和移民部整合而来，财政和国家经济部由财政、石油、住房、关税和港口部整合而来。

第七节　司法

一、司法机构

巴林的司法机构大致分为民事诉讼法院、沙里亚法院与特殊法院。

（一）民事诉讼法院

民事诉讼法院的主要职能为民事、商业、刑事以及非穆斯林案件的审理与判决。下设有：

（1）即决法院：主管会因时间推移而受到财产损失的案件。一般会在24小时之内安排听证会，若是情况紧急则还可提前。[1]该法院设有1名法官，快速对轻罪、处罚和不构成刑罚的违法行为做出判决。《沙里亚诉讼法》允许即决法院受理其他在权限内的案件。[2]

（2）初级法院：主管涉案金额小的索赔以及与不动产相关的商业案件。[3]初级法院有1名法官。

（3）高等法院：主管初级法院无法受理的民事和商事案件，非穆斯林个人身份法案件的审理，外国公民的司法管辖，初等法院、即决法院与执行法院上诉案件的审理。位于麦纳麦的高等法院也可以在麦纳麦以外开庭，遵循高等上诉法院和最高法院的先例。

（4）高等上诉法院：主管巴林高等法院所有上诉案件的审理。高等上诉法院包括1名院长和若干法官，必须有院长或其助手，以及另一名法官同时出席方可开庭。

（5）最高法院：巴林的最高司法机构，主管非穆斯林的民事、商业、刑事等案件的最后裁决，并监督其他司法机构适用法律的恰当性。最高法院包括1名院长，1名副院长和3名法官。

（6）执行法院：主管初级法院、高等法院以及高等上诉法院的判决的执行。

（7）行政法庭：主管行政案件的司法管辖。[4]

（二）沙里亚法院

巴林的沙里亚法院分为沙里亚初级法院、沙里亚中级法院及沙里亚高等上诉法院等三个级别。巴林的《审判法》规定沙里亚中级法院和沙里亚高等上诉法院包括1名院长和若干法官，须2名法官才能开

---

① Philip Dew，ed，*Bahrain's Business Environment*，London：GMB Publishing Ltd，2008，pp.6.

② 马明贤：《近现代伊斯兰法研究》，博士学位论文，西北大学，2005年，第55页。此外，埃及也存在与巴林即决法院类似的简易法院。

③ Philip Dew，ed，*Bahrain's Business Environment*，London：GMB Publishing Ltd，2008，pp.6.

④ Philip Dew，ed，*Bahrain's Business Environment*，London：GMB Publishing Ltd，2008，pp.47.

庭。当2名法官判决意见有分歧时，由司法委员会派遣的第三人将参与判决。最终意见以少数服从多数原则投票决定。

除上述三级沙里亚法院外，还可按教派划分为逊尼派法院和贾法里法院。它们按教派不同，主管逊尼派与什叶派私法领域案件的审理，细到婚嫁、监护、收入、嫁妆、离婚、待婚期、家庭关系、哺乳、遗嘱以及继承等方面，都是它们的业务范畴。但是，随着现代化的推进，沙里亚法院的重要性逐渐减弱，慢慢沦为国家设立的一种辅助性的民事审判机关。①

（三）特殊法院

巴林的特殊法院分为三类：

（1）军事法院。成立于1970年9月10日，主管有关军队人员的案件审理，类似于沙特阿拉伯等国家。②军事法院涉及的法令包括军事公诉、军事法院的构成以及调查的规则、程序。军事法院的司法程序不同于民事诉讼法院：公诉人由巴林国防军的法律顾问及助理担任。宪法规定必须1名院长、2名法官同时出席方可开庭。当审理刑事案件时，院长的军衔必须高于被告。③军事法庭的判决必须得到埃米尔的认可方可生效④。

2017年1月26日，巴林国王哈马德向议会提出关于赋予军事法庭更大司法权的宪法修正案。宪法原一百零五条规定，军事法庭行使司法权仅限于BDF、国民卫队和安全部队成员的军事犯罪案件，修正案则明确军事法庭有权审理上述人员涉及的刑事犯罪案件。除军人、警察所涉及的军事、刑事犯罪案件外，修正案还将军事法庭司法权扩大至平民针对安全人员的恐怖袭击案，即涉案平民也将受到军事法庭的

---

① 吴云贵：《伊斯兰教法概略》，北京：中国社会科学出版社，1993年，第233页。

② 有关沙特阿拉伯军事法院的研究可参见罗明、张沪生：《沙特阿拉伯军事司法制度简介》，《解放军报》2005-4-17。

③ See Hassan Ali Radhi, *Judiciary and Arbitration in Bahrain: a Historical and Analytical Study*, London: Kluwer Law International, 2003, pp.128-130.

④ 1973年宪法第三十三条第5款规定：埃米尔是国防军最高统帅。

秘密审判。[1]

（2）统治家族理事会。主管对王室成员个人身份和经济事务的案件审理。然而，该机构具有特殊性、隐秘性等特点，其组成与诉讼程序暂且不得而知。

（3）国家安全法法院。1974年10月22日颁布的《国家安全法》以及1975年《国家安全庭审法》规定，如果公民有危害国家安全的嫌疑，则可不经审理被拘禁3个月。这两项法案的通过引起了巴林国内的强烈民愤，是巴林第一次政治民主化进程中遭遇的一项重大挫折。1976年，伊萨埃米尔下令组建国家安全法法院。该法院负责审理巴林国内、国际安全的刑事案件，以政治案件为主。1996年，修正后的法规规定，该法院必须有院长或其助理，1名国家安全法法院法官以及1名司法和伊斯兰事务大臣选择的法官同时出席，方可开庭。《巴林国家安全法》在埃米尔哈马德的推动下，最终于2001年2月18日被废除。

除上述司法机构外，巴林的司法机构还包括：

最高司法委员会。主要职能为管辖法院与检察院，规范监督法院及其职员的行为，由司法大臣领导，所作判决必须经过其审查。最高司法委员会包括1名主席，原则上由最高法院院长兼任，特殊情况下高等上诉法院院长可暂代职权，还包括高等民事上诉法院的主要法官，高等沙里亚上诉法院的逊尼派院长，高级沙里亚法院贾法里派院长以及中级民事法院院长。[2]

巴林宪法法院。1973年，宪法委员会在巴林成立。巴林宪法规定宪法委员会为一个特殊的违宪审查"全国委员会"。[3]2002年，巴林国民议会批准了《宪法法院法》，并在当年12月14日正式颁布，宪法法院得以建立。这项法律的主旨是对宪法法院的宪法裁判权提供保障，

---

[1]　中华人民共和国驻巴林王国大使馆网站，参见：http://bh.china-embassy.org/chn/blxw/t1436798.htm.

[2]　See Hassan Ali Radhi，*Judiciary and Arbitration in Bahrain：A Historical and Analytical Study*，London：Kluwer Law International，2003，pp.165.

[3]　胡建森：《世界宪法法院制度研究》，浙江：浙江大学出版社，2007年，第623页。

居于"对宪法实施最高监督权"的专属地位。[①]

2002年通过的巴林宪法之所以将宪法法院制度纳入其中，是因为：第一，巴林的法律体系中大陆法系的色彩浓厚，不受形式上的判例制约。巴林的司法原则之一即"既判力是相对的"[②]，最高法院一直被称作上诉法院。第二，在巴林法律体系中，中止诉讼并提交违宪审查程序被认为利于实现裁判程序的稳定，法律解释的统一，法律体系的协调和宪法裁判的统一，同时有利于与初审程序相联系，进而保护当事人的基本权利。

依据相关规定：年满40周岁，具有完全法律行为能力，拥有良好声誉和道德记录，拥有法学学士以上学位且从事法律工作十五年以上的人才有资格担任巴林宪法法院法官。

✿ 二、巴林的法官制度和仲裁制度

由于法官的素质是法律正确行使的最重要环节，巴林政府对法官的制度建设极其重视。法官制度又包括任职条件、保障机制、纪律惩戒等。

若要担任巴林的法官，必须满足以下条件：（1）民事诉讼法院的法官必须有法学学士以上学位；（2）有从事法律工作的经验；（3）拥有巴林国籍；（4）无犯罪史。此外，过去的规定还包括法官必须来自哈利法家族且为男性，现已被哈马德国王废除。由国王拔擢女性法官，如2007年被任命为宪法法庭法官的留埃女博士多哈·齐亚尼，开整个海湾之先例。巴林借鉴了法国的法官制度，使法官专门化和职业化。

巴林法官的保障体制如下：

（1）1973年的巴林宪法规定法律保证司法审判机关的独立性，并规定对法官的保障条款，赋予法官独立权。要求法官依照宪法、法律与道德情操行使职权。

（2）在一定的限度内，巴林法官依法享有司法豁免权，目的也在

---

① 胡建淼：《世界宪法法院制度研究》，浙江：浙江大学出版社，2007年，第637页。

② 胡建淼：《世界宪法法院制度研究》，浙江：浙江大学出版社，2007年，第637页。

于保证法官独立自主行使职权。①宪法第一百零一条第二款规定禁止一切干涉审判活动的行为，既可以防止新闻舆论绑架案件审判的进程，又可以保证法官判案独立于国民议会。②

（3）国家财政对法官有相当程度的经济支持。法官工资由国家财政划拨，工资依据法官等级，分为月薪518巴林第纳尔（折合1 958美元）至1 835巴林第纳尔（折合6 939美元）十个挡。③由此可以看出巴林的法官待遇颇丰，这样能够保证法官的生活水平，一定程度上降低法官收受贿赂徇私舞弊的概率，保证司法的公平公正。

巴林的法官还实行回避制。

对违规法官的惩戒包括警告和纪律受审，由最高司法委员会实施。

巴林有一套完整的仲裁制度。"仲裁是指纠纷当事人在自愿的基础上达成的协议，将纠纷提交非司法机构的第三者审理，第三者就纠纷居中评判是非，并做出对争议双方均有约束力的裁决的一种解决纠纷的制度、方法或方式。"④一个国家的仲裁制度包括国内仲裁与国际仲裁，将这两者相区分是现代仲裁法的一个基本特征。巴林同样如此。

巴林的仲裁制度有两套实施办法，都符合巴林的法律与习惯：第一，常设仲裁机构安排和管理下的仲裁；第二，双方当事人指定仲裁员并组成仲裁庭，由其仲裁。

国内仲裁的管辖范围只包括民事与商业纠纷，⑤包括以下几部分：

第一，仲裁协议，"一份有效仲裁协议的存在，是仲裁得以有效进行以及仲裁裁决能够得到承认和执行的最重要的基础"⑥。合法的仲裁协议包括以下几个条件：（1）签订仲裁协议的必须有民事行为能力；

---

① 肖扬：《当代司法体制》，北京：中国政法大学出版社，1998年，第5页。

② 1973年宪法第七十五条规定：国民议会议员不得干涉司法部门或行政部门的工作。

③ See Hassan Ali Radhi，*Judiciary and Arbitration in Bahrain：a Historical and Analytical Study*，London：Kluwer Law International，2003，pp.141.

④ 黄进，宋连斌，徐前权：《仲裁法学》，北京：中国政法大学出版社，2002年，第1页。

⑤ See Hassan Ali Radhi，*Judiciary and Arbitration in Bahrain：a Historical and Analytical Study*，London：Kluwer Law International，2003，pp.168.

⑥ 邓杰：《商事仲裁法》，北京：清华大学出版社，2008年，第73页。

（2）当事人之间提交仲裁的意思表示[1]必须真实一致；（3）必须符合伊斯兰教法；（4）仲裁协议必须以书面形式缔结。

第二，仲裁员，资格条件如下：仲裁员必须为成年的，拥有民事能力的人；必须是自然人；仲裁员应有学士以上学位，能够熟练使用阿拉伯语，并具有巴林国籍；宗教不限；性别不限；仲裁员必须具备中立性，一旦与涉案双方有关联，则仲裁协议无效。[2]

第三，裁决书，内容包括：仲裁协议的复印件、仲裁请求、裁决理由、裁决结果、裁决日期和仲裁员的签名。

在国内仲裁之外还有国际仲裁。1988年第4号令确认巴林国家加入1958年《关于承认和执行外国仲裁裁决的公约》，简称《1958年纽约公约》。

---

[1] 意思表示是特定的法律用语。所谓意思表示，就是把行为人进行某一民事法律行为的内心意愿，以一定方式表达于外部的行为。因此，意思表示就是民事主体为了引起特定的法律效果而将其内心意思向外表示的行为。

[2] See Hassan Ali Radhi, *Judiciary and Arbitration in Bahrain: a Historical and Analytical Study*, London: Kluwer Law International, 2003, pp.177-180.

第四章　军事

第一节　建军简史

　　由于身处局势不稳的海湾地区，巴林领导人对国家安全殚精竭虑。国防建设是应对安全局势挑战的唯一出路。哈利法家族牢牢掌控着巴林的军队，具体体现在国王担任军队的最高统帅，且军队总司令与国防大臣等核心职位都由王室成员担任。尽管王室家族重视军队建设，然而由于国家规模、人口与经济等先天缺陷，巴林的国防力量局限性较大。因此，巴林极为看重与美国、海合会等国家与组织的军事合作。这种内外互补的策略，既符合巴林国内的安全稳定需求，同时为国防力量的进一步发展提供了不小的助力。

　　1969年2月5日，在英国人的协助下，曾由哈利法家族统领的治安、警卫武装人员被整编为巴林国防军，埃米尔伊萨任统帅。在此之后，国防军由地面部队发展为海、陆、空三位一体的现代化综合部队，军队装备也逐步完善。与此同时，为了满足国内安全与稳定局势的多维度需求，巴林政府大力发展准军事部队建设，另增设海岸警卫队。一时间，准军事部队力量与正规军人数大致相当。

　　巴林军队良好地履行了维护国家主权与领土完整，维护国家安全与社会稳定的职能，并且在海合会联合防御行动中发挥了积极作用。两伊战争、1990年伊拉克入侵科威特引发的海湾危机、1991年以美国为首的多国部队解放科威特战争以及伊拉克战争中都有巴林国防军的身影。

第二节   国防体制

巴林部队的最高统帅由国王担任，王储兼任武装部队副统帅，协助指挥全国武装力量。

巴林武装力量由两部分构成：国防大臣负责的正规国防军以及内政大臣负责的准军事部队。国防军又分海、陆、空三个军种；准军事部队可细分为警察部队、国民警卫队和海岸警卫队。

巴林国防军的最高指挥机关是军队总参谋部，最高统帅与总司令在这里指挥军队。总参谋长执行最高统帅与总司令的命令，主持总参谋部的日常工作，同时兼任陆军司令。在总参谋部的领导下，海、空两军种设有独立的司令部。总参谋部还下设作战、训练、后勤供应、通信等部、局单位。

国防预算决策等事宜由国防大臣负责，国防政策和军队建设重大方针政策的讨论及制定也需要国防大臣的参与。

准军事部队的行政领导工作由内政部负责，军队最高统帅与副统帅通过其对各准军事部队进行具体指挥。

巴林的最高军事决策机构是国防委员会。主席由国王担任，还包括武装部队副统帅、国防大臣、总参谋长、海军司令、空军司令等职位。

宪法规定国王为巴林军队的最高统帅，王储为副统帅。1977年，伊萨埃米尔选择长子哈马德为国防部部长，同时担任巴林国防军的总司令。1988年，哈利法·伊本·艾哈迈德·哈利法被任命为国防部部长。但是，哈马德对巴林国防军的领导一直持续到1993年。现任王储萨勒曼·本·哈马德·哈利法在1999—2008年担任巴林国防军的总司令。2008年至今，哈利法家族的另一位成员本·艾哈迈德担任其职。哈利法家族严密把持着巴林的国防部门。巴林国防部队的正、副参谋长，海军参谋长和空军指挥官都出自王室。[①]

---

① 参见：http://www.globalsecurity.org/military/world/gulf/bahrain-mil.htm.

巴林国防军的主要职责是维护国内治安并保卫巴林诸岛海滨。然而，随着波斯湾局势的紧张，1984年以后，巴林军力呈三倍增长，现代军备也显著增加。20世纪90年代，巴林军队被组编为一个旅，包括2个机械化步兵营、1个坦克营、1个特种部队营、1个装甲车队。最主要的装甲武器为M-60A3主战坦克（20世纪80年代末购自美国）。巴林军队的重炮群包括几门105毫米和155毫米的榴弹炮。主要的反坦克武器是BGM-71有线制导导弹。

2012年英国战略研究所《军事力量对比》数据与2007年的数据基本持平。

巴林军队更倾向于防御，所有军事人员都驻扎于首都。尽管兵力规模小，但是巴林仍然拥有大量的装备，包括侦察车、装甲运兵车、步兵战车、榴弹炮、地对空导弹以及小型手持步兵武器。[①]

巴林军队的主要职能是自卫，但由于国小力弱，对海合会组织与美国第五舰队的依附性十分突出。巴林还参与海湾合作委员会的军事训练。

一、陆军

巴林陆军即巴林王室部队，建立于1969年。截至2018年，共有兵力18 000人，主要负责地面作战。巴林王室部队的指挥部位于麦纳麦，现任指挥官为哈利法·本·阿卜杜拉·哈利法中将。巴林王室部队曾经在2011年的巴林抗议活动中维护稳定，参与过海湾战争，并在沙特阿拉伯主导下，介入也门内战。该部队包括1个装甲旅，1个机械化步兵旅，1个炮兵旅，1个防空营和1个特种部队营。

二、海军

巴林的海军发展较晚。1979年，巴林从联邦德国订购了第一艘导

---

① 参见：http://www.globalsecurity.org/military/world/gulf/bahrain-army.htm.

弹快艇。在此之前，巴林的海上力量仅仅局限于内政部监管之下的海岸巡逻队。1992年，巴林海军添置2艘卢森62米轻巡逻舰与1架装备有反舰导弹的直升机。此后逐渐步入正轨。

截至2010年，巴林皇家海军有数百名战士，并拥有护卫舰、轻型巡逻舰、沿海巡逻与侦察队以及两栖车辆。巴林海军的主要职能是打击走私与保护渔业，唯一的海军基地为萨勒曼基地。

巴林皇家海军参加海湾合作委员会的联合军演。2011年10月6日—16日，海合会国家的军舰进行了联合动员训练。[①]

三、空军

自1971年8月14日独立，巴林便建立了一支小而精悍的空中力量。尽管巴林的国土面积与人口都在海合会国家中垫底，但是巴林皇家空军仍然是一支高效、装备精良且相对现代的力量。

1976年5月8日，伊萨埃米尔命令组建巴林空军。1977年，巴林空军开始运作，首先着手给空中部队装备直升机。巴林空军的职责重大：首先是协助地面部队转移设备，其次是防御领空，最后是协同海军防御领海。1982年4月26日，哈里法空军基地正式开通。该基地由美国陆军工程兵团设计，在第一次海湾战争期间发挥了重要作用。巴林皇家空军旧称巴林埃米尔空军，2002年2月14日巴林变为君主立宪政体后，空军随之更名。

第四节　军事训练与兵役制度

一、军事训练

巴林的总参谋部训练局负责军事训练。大致工作流程为：总参谋部训练局依据最高统帅的命令，根据部队的具体需求，制定年度军队训练纲要；训练纲要一经批准，即交由各个部队实施；具体实施过程由训练局督导。该机构的职能还包括拟订本国军队与外国军队联合军

---

① 参见：http://www.globalsecurity.org/military/world/gulf/bahrain-navy.htm.

演的行动计划，安排具体科目，演习运转联络，验收检查演习结果等。

由于军队规模有限，条件受到制约，巴林并未专门设置军事院校。新兵训练事务由训练中心负责，该中心的主要职能是培养士官并考核军官。本国专业军事教育的缺失使得巴林军队的初、中、高三级军官必须前往外国进行专业的军事教育。巴林军队会聘请部分外籍教官、军事顾问与专家负责平日训练并且指导士官操作进口武器等。

为了强化作战能力，优化部队的职业素养，巴林军队积极与相关国家开展联合军事演习与训练活动。巴林每年都会派出部队参加海合会联合举办的"半岛之盾"军演活动，并且参加同西方国家共同举办的训练活动。与其他海合会国家以及西方国家的双边军事演练也是巴林军队经常进行的活动。

❀ 二、兵役制度

义务兵役制是巴林实行的基本制度。参军条件包括：有巴林国籍，男性，满18周岁，体检合格，无不良品行记录。服役期为3~5年，其间实行合同制。服役期满后，依据自愿原则选择续签或终止服役。

然而，巴林军队条件较为艰苦，贫富差距悬殊。因此，多数服役于巴林军队的军人都是巴基斯坦裔与印度裔巴林籍公民，祖居巴林的公民鲜少选择参军。这一局面让政府感到不安，1999年，巴林当局为了扭转形势，曾采取措施动员祖居巴林人应征入伍。

第五节　军品贸易

由于国内军工体系的缺失，巴林的军事武备全部依赖进口，其中美国是巴林武器的最主要来源国。有数据显示，1950—1988的38年间，巴林自美国进口了价值约8.8亿美元的装备。在此期间，1985年的交易额达到峰值。

进入20世纪80年代以后，巴林从美国进口武器装备的态势实现上升。两伊战争的战火因"袭船战"烧至波斯湾，成为巴林大力购买军备的催化剂。巴林每年单从美国进口武器装备就要花费超过1亿美元，平均占年度国防开支的25%。其中，2003—2010年，巴林从美国进口了约6亿美元的武器装备。1985年，美国向巴林出口了6架F-5型战斗机、一批"响尾蛇"空对空导弹和54辆M-60型主战坦克。1987年年初，巴林又从美国进口12架F-16型战斗机。

20世纪90年代，海湾战争将巴林进口军备推向第二个高潮。有数据显示，1995—1997年，巴林95%的外购军备来源于美国。这一时期巴林从美国进口的武器装备包括：100多辆M-113型装甲人员输送车，16架1995年进口AH-1型"眼镜蛇"武装直升机，13门M-110型203毫米自行火炮，1艘FFG-7型导弹护卫舰，8部"霍克"地对空导弹发射架，10架F-16C/D型战斗机，26枚AIM-120B先进中程空对空导弹。此外，1996—1998年，巴林从美国进口各种单兵武器弹药价值约44万美元。

2000年，巴林从美国采购了市值1.85亿美元的军备。2006年7月21日，美国国防安全合作署向国会报告，涉及向巴林出售总价值4 200万美元的"标枪"导弹以及配套装备与服务。2010年11月3日，美国国防安全合作署向国会报告，涉及向巴林出售总价值7 000万美元的军备，包括：30枚陆军战术导弹、T2K统一导弹以及相关零部件、设备与训练及后勤保障。2011年9月14日，美国国防安全合作署向国会报告，涉及向巴林出售总价值5 300万美元的军备，包括：高机动性多功能装甲轮式车辆，"陶"式反坦克导弹以及相关零部件、设备与训练及后勤保障。[①]《军事力量对比》就2005—2006年巴林武备与美国的关系进行了统计分析，得出巴林M-60A3型主战坦克，M-113A2型装甲人员输送车，M-110型自行火炮，"陶"式反坦克导弹，"霍克-1"型和"毒刺"式等地对空导弹，1艘导弹护卫舰，33架作战飞机以及25架武装直升机均来自美国。

通过对比可以看出，2000年后巴林的军备采购花费有所下降，原因有三方面：首先，巴林本身经济基础薄弱，且石油收入与周边国家相比捉襟见肘，难以负担大额军费；其次，盟国对巴林的经济援助也逐年下滑；最后，1994年开始不断进行的政治动荡，使得巴林当局以维稳为首要目标，因而国防预算随之削减。

---

① 参见：http://www.globalsecurity.org/military/world/gulf/bahrain-army.htm.

鉴于巴林的经济能力，除了向其出售军备外，美国也以无偿捐赠的形式对巴林予以援助。这是一举多得的行为：首先促进美国自身军备的更新换代；其次强化美国与巴林的双边关系；最后巩固了美国在海湾地区的影响力，尤其是突出了其军事存在的必要性。巴林从美国接手的二手军备包括：60 辆 M-60A3 型坦克，6 架巴林 AH-1 "眼镜蛇"直升机，10 架 AH-1E 直升机与 M-578 装甲修理车。然而，二手军备对巴林来说并非百利而无一害，有时承担的修缮改装费用会高得令人咋舌，如"杰克·威廉姆斯号"军舰的修缮改装费用。

无论如何，在美国各种形式的帮助下，巴林建立起了一支有一定战斗能力，大致可以履行维护安全职能的军队。巴林军队的实力整体弱小，不具备攻击能力，但是在有外敌入侵的情况下，能有效抵抗 48 小时。

第六节　对外军事关系

一、巴林与美国的军事关系

巴林与美国有着较为深远的军事渊源。1949 年，美国与巴林达成协议，美国海军后勤支援分队有权驻扎于巴林的朱费尔基地。在此之前，英国皇家海军也驻扎在该基地。20 世纪 50 年代，巴林开始从美国进口军备。

1971 年巴林独立，英国从巴林撤军。同年，美国与巴林签署条约，美国向巴林政府租借了港口和入港设备。实际上，这是对 20 世纪 40 年代起就生效的协定的延续。该条约允许美国海军舰船使用麦纳麦的朱费尔港的设施。1974 年 10 月初，美国小型舰队获得在巴林岛建立军事基地的权力；10 月 28 日，巴林《国家安全法》颁布；同年 11 月，美国海军在巴林周围的活动增加，美国军事存在增强。美国的"星座号"航空母舰，2 艘护卫舰进入波斯湾。

但是，1971 年签署的协议是非常敏感的。1975 年 1 月中旬，由于担忧美国驻军会威胁到产油国的利益，其他海湾国家提出抗议，要求巴林停止向美国提供便利。当时，巴林外交大臣穆罕默德·本·穆巴拉克拒绝此项提议，他认为美国驻军关乎中东地区安全体系的成败，美国海军有权使用巴林港口，来维护中东地区的安全秩序①。紧随其后，美国政府以原来价格的6倍继续租借朱费尔港口。1971年美国与巴林签署的条约于1976年6月到期，两国又签署了一个新条约。新条约对原来的条款做出修订，规定美国可以继续使用朱费尔港，但无权营建基地。同时规定，巴林方面只向美军舰提供后勤补给。该条约于7月1日正式生效，美国装备移交于巴林政府。

在各方压力下，1977年6月29日，巴林宣布废除美巴协定。美国不得不将部署在朱费尔港口的多数舰船撤走。但是包括65人与5艘船舰在内的美国"中东部队"被允许继续在巴林基地停泊，使用港口设施，以备确保燃油、通信和物资之需②。1981年12月19日，巴林与沙特阿拉伯签订安全协定。

两伊战争期间，战火威胁到了巴林的石油冶炼与邮轮服务运营，因此美国军力和物资被输送至巴林国际机场。美国针对两伊战争中的"袭船战"而增加其在海湾及附近的海军力量。美国军队强势进入巴林水域以武装直升机、雷达和防空导弹为基础，并且帮助巴林修建阿瓦勒空军基地。为了促进现代化，巴林从美国获取了大量先进的军事装备。1982年，巴林向美国提出购买高级战斗机的要求。1984年年初，美国军方计划投入1亿美元在巴林南部无人区修建空军基地。

此后，巴林与美国的军事关系更为密切。1987年春，巴林成为美国在中东的海军战略中心，美国中东部队的战舰被用来保护科威特。1991年10月，巴林与美国签署了一份防御合作协议，类似于此前美国与科威特的协议。该协议涉及港口的使用权，装备储存和联合演习。巴林的民族安全策略依赖于美国海军中央司令部（第五舰队司令部）在该地区的存在以及与美国的安全伙伴关系。美国海军第五舰队司令部所在地就在巴林海军基地，这里驻扎有美国5艘舰只，常驻美国军事人员达1 300余人。

1995年，美国第五舰队又占用了朱费尔海军基地，进一步扼住伊朗和伊拉克的咽喉。美国的一个空军中队也驻扎在巴林，并预置了

---

① Fred H.Lawson，*Bahrain：The Modernization of Autocracy*，Westview Press，London，1989，pp.120.

② 参见：http://www.globalsecurity.org/military/world/gulf/bahrain-mil.htm.

"爱国者"防空（反导弹）导弹等武器装备。为了达到自身的战略需求，美国尽力满足巴林的一切军火要求，美国答应售给巴林 AIM-120 先进空对空导弹就是一个鲜明例证。为了加强军事领域的双边合作，巴林与美国领导人互访极为频繁。1995 年，美国国防部部长佩里和空军、海军高级将领分别访问巴林。1996 年 5 月，巴林王储哈马德（现任国王）访问美国。1997—1998 年，美国国务卿奥尔布赖特、国防部部长科恩等人两度访问巴林。1998 年，伊萨埃米尔前往美国。2008 年 3 月 26 日，巴林国王哈马德告诉美国国防部部长盖茨，巴林已经估算了岛上需要的爱国者导弹数量，希望美国能够提供 1 个，剩下的由巴林购买或租借；5 月，作为海湾合作委员会年度军事演习的一部分，巴林暂时部署了爱国者导弹的点火装置。美国国防部仔细考虑一系列长期方案，包括将目前部署于其他地方的爱国者导弹装置重新部署在巴林，并在该地区部署 SM-2 和 SM-3 神盾巡洋舰。2012 年 5 月 11 日，美国国防部部长列昂·帕内塔与巴林王储举行会谈，共商地区与双边事务。帕内塔肯定了美国对巴林人民与政府关于有力合作伙伴的长期承诺。两位领导人商谈的问题包括巴林对美国海军中央司令部的支持，以及巴林政府对实现独立委员会的建议的努力，该委员会由国王哈马德于 2011 年建立，旨在调查 2011 年 2—3 月民间的骚动[1]。

　　然而，由于美国是以色列的坚实盟友，巴林民间的反美情绪高涨。2002 年 3 月 30 日，大范围的反美游行在巴林爆发。大批群众连续 9 天在美国使馆门前集会，痛斥美国偏袒以色列的行径。2002 年 5 月 26 日，抗议者袭击了 2 名美国军人及其家眷，事件迅速发酵。不堪美国的重压，巴林当局于 2003 年 2 月被迫做出允许美国军队使用朱费尔港口与空军基地的决定。美国入侵伊拉克战争爆发后，妇女、学界和宗教界主导的反美示威此起彼伏，连麦纳麦市长也加入了游行队伍。

　　2012 年 4 月，巴林、美国以及沙特阿拉伯、阿曼、阿拉伯联合酋长国、科威特、约旦、埃及、土耳其、巴基斯坦进行了为期 10 天的"大联动 2012"联合军事演习。此次军演为巴林近二十年来最大规模的军事演习。同年 5 月 11 日，美国"解禁"了对巴林的军售，但是同时声称，由于部分"严重人权问题"没有得到解决，"陶"式反坦克导

---

[1]　参见：http://www.globalsecurity.org/military/world/gulf/bahrain-mil.htm.

弹和"悍马"军车仍然不得向巴林出售。

❧ 二、巴林与英国的军事关系

由于巴林特殊的地缘位置，以及历史上是英国的殖民地，英国一直将巴林放置在其中东战略的非常重要的地位，因此长期承担巴林的防务。1971年巴林独立，英国军事力量撤出巴林，结束了防御义务，也给两国的战略盟友关系画上句号。

20世纪80年代以后，巴林与美国的军事关系发展得如火如荼，但是并不意味着与英国的军事关系不复存在。虽然规模不及美国，但英国还是向巴林提供了相应的三军装备。此外，巴林外聘训练人员中大多数是英国教官，英国军事院校也是巴林军人出国深造的首选。

❧ 三、巴林与海湾合作委员会成员的军事关系

1981年，沙特阿拉伯、科威特、卡塔尔、阿曼、阿拉伯联合酋长国与巴林等国组成海湾合作委员会，旨在维护域内安全，开展外交与经济领域的合作。作为海合会创始国之一，巴林积极参与委员会组织的各项活动，尤其是与海合会其他国家一同建立"半岛之盾"部队，参加相关军事训练与军事演习活动。巴林还参与了以美国为首的多国部队解放科威特行动。在地区安全形势的作用下，巴林与其他海合会国家共同承担防御任务，军事合作进一步深化。

当然，巴林与海湾合作委员会的关系也并不是一帆风顺的。比如，巴林先于其他成员国与美国签订了自由贸易协定，引来了不少微词。2004年12月，海合会国家在麦纳麦相聚，共商经济一体化进程、地区局势和反恐合作等议题并发表了重要的《麦纳麦宣言》。该宣言提出在海湾地区推进民主化进程、践行改革与现代化的重要性，倡议海合会国家根据自身情况健全法律。2011年，巴林发生动乱。"半岛之盾"部队应邀进入巴林，帮助巴林政府维持稳定与安全。

2012年12月，在巴林国王哈马德的主持下，第三十三届海湾合作委员会首脑会议于巴林召开。参会的各国领导人商讨的军事问题包括伊朗核问题、阿拉伯联合酋长国-伊朗岛屿纷争问题、叙利亚问题、也门问题以及其他阿拉伯国家的局势等。

2016年10月27日，"阿拉伯湾安全1号"演习正式开始，海合会六国军事代表出席了开幕式。巴林国王哈马德发表讲话，称该演习代表了海合会军事安全合作的雄心壮志。

第五章　文化

第一节　　语言文字

　　阿拉伯语是巴林的官方用语，英语为通用语言，移民与少数族裔也使用各自不同的语言。巴林较为流行的阿拉伯语方言为巴林土话，主要在麦纳麦部分地区和什叶派村庄使用；逊尼派阿拉伯人使用一种类似于卡塔尔方言的土话；约有5%的人口使用阿拉伯语海湾方言。

　　英语是除了阿拉伯语以外最重要的语言，是学校中的第二语言，在国家的日常工作和商业贸易中运用极为广泛。一些报纸会以英语发行，电台有广播和英语频道，路标上也有阿拉伯语和英语两种语言。

　　巴林境内伊朗移民人数众多，因此波斯语的受众十分广泛。巴林波斯移民社团中较多使用的波斯语主要有三种变体：西波斯语、达利语和塔吉克语。在巴林的波斯人社团被称为阿贾米人，他们同时使用波斯语和阿拉伯语。随着长年累月的融合交往，阿贾米人使用的阿拉伯语发展成一种独特的方言——阿贾米土话。

　　巴林境内还有许多来自其他国家或地区的移民，他们都在一定范围内使用自己的母语，如巴基斯坦人说乌尔都语，尼泊尔工人和廓尔喀士兵说尼泊尔语，来自印度的社团则使用马拉雅拉姆语、泰米尔语或印地语。

文学①

巴林的文学肇始于伊斯兰教的产生与传播。在此之前，巴林是否有文学形式，尚待专家学者们进一步考证研究。

有史料可证的巴林文学史上第一个灿烂时期是9—12世纪。在这一阶段，海湾地区涌现出了大批杰出的诗人，其中最蜚声海内外的是被誉为"诗歌之星"的塔尔法·本·阿卜杜。相传阿卜杜创作了大量诗歌，但是保留至今的只有7部长诗。

自16世纪海湾地区被纳入奥斯曼帝国的版图之后，巴林的文学受到了奥斯曼帝国的影响，主要表现为以宫廷为题材的文学涌现，传统本土文学形式日渐式微。这一时期巴林著名的文坛巨匠有诗人艾布·巴赫尔（阿拉伯文学新流派的鼻祖）和阿卜杜·贾利勒·塔巴·塔拜，他们的作品是巴林文学史上的里程碑，是巴林国家宝贵的文化财富。

19世纪末，巴林文学呈现出与传统不尽相同的特点，表现在：

第一，以古典主义与非古典主义为代表，这一时期的巴林文学流派纷呈。古典主义深受埃及与新月地区的影响，主张恢复阿拉伯-伊斯兰文化的古典创作传统。非古典主义强调运用古典作品的描摹刻画手法来为现代叙事服务。

第二，这一时期的作家、诗人井喷式创作，并且不同流派作家之间的辩论时有发生。在思想的交锋中，作家们的技艺与思路得到开拓与丰富，对当时和后来的巴林文坛都产生了深刻的影响。

第三，这一时期的巴林文坛名家辈出。古典主义代表文豪易卜拉欣·本·伊萨·哈利法与穆罕默德·本·伊萨·哈利法等人享誉国内外，甚至可以与埃及诗人、启蒙者穆罕默德·萨米·巴鲁迪齐名。非古典主义流派代表人物为阿卜杜拉·扎耶德和阿卜杜·拉赫曼·穆阿乌德。

第四，文学社团与刊物的出现标志着文学创作开始以组织化、制

① 陆永昌：《巴林文学概说》，《阿拉伯世界研究》1984年第2期，第120～125页。

度化为取向。古典主义者们建立了阿拉伯古典主义崇拜者社团，代表人物有悲观主义诗人阿卜杜拉·法拉季、阿里·穆巴拉克与阿卜杜·卡迪尔等。1920年，非古典主义流派的作家们建立"文学俱乐部"，即后来的"文学家、作家协会"。1939年，巴林第一份报纸《巴林》诞生。这份刊物主要刊登文学评论、时事动态，并开辟政治专栏，报道国内外新闻。1945年，《巴林》文学报停止发刊。

第五，这一时期的巴林文学以强烈的现实性、实践性与灵活性为取向。

到了20世纪中后期，巴林文学进入了新的历史阶段，表现出以下特征：

第一，现实主义文学蓬勃发展，并逐渐有成一家之言的趋势。易卜拉欣·阿里德是巴林现实主义文学的代表人物，作品在多国翻译出版，享誉国内外文坛。其长诗《牺牲英雄们的土地》真实地再现了巴勒斯坦地区的阿拉伯民族主义运动，诗集《未婚妻》《蜡烛》《两次接吻》也有很高的文学价值。1958年，易卜拉欣·阿里德的《当代诗选》刊登阿拉伯国家诗歌。他在文艺评论方面也有颇深造诣，曾著《论现代诗歌》，对120位阿拉伯著名诗人的作品进行有理有据的分析评述。

第二，巴林诗歌或用法语创作，或用阿拉伯语创作。用法文创作的著名诗人有卡西姆·哈达德、阿拉维·哈希米等。用阿拉伯语甚至当地方言进行创作的著名诗人有阿里·阿卜杜拉、易卜拉欣·布欣迪和阿卜杜·拉赫曼·拉菲等人。阿里·阿卜杜拉著有诗集《阿明·萨瓦里》（1969年）、《渴望荣誉》（1970年）、《人与海》等。这些作品体现了文学家从事现实主义创作方法，如阿卜杜·拉赫曼·拉菲在创作诗集《海员之歌四首》（1970年）之后，又转向小说创作。1971年，他还发表了以巴林现实生活为题材的短篇小说集。

第三，风格多样，情感细腻而丰富。卡西姆·哈达德的诗集《好消息》（1970年）、《叛城来的侯赛因之头不知去向》（1972年）、《他人的血》（1980年）等作品反映了巴林社会诸多政治、经济问题，揭露了社会生活中的不平等现象和统治者的暴行。著名诗人阿卜杜·哈米德·卡义德著有诗集《酷恋》（1980年），其作品充满悲观失望的情调。阿利亚维·哈舍米著有《悲伤从何处来》（1972年）等诗集，反映穆斯林妇女低下的社会地位，对受侮辱、受欺凌的妇女深表同情，具有浓厚的抒情色彩。

第四，反映现实生活。20世纪60年代初，青年作家哈拉夫·艾哈迈德·哈拉夫提出文学创作应面向生活，面向社会现实，提倡用现实主义手法进行创作。穆罕默德·阿卜杜勒·马立克是现实主义奠基人之一。1972年，他发表了短篇小说集《一个汽车司机之死》，该小说集以文风清爽、内容丰富而饮誉文坛。从事现实主义创作的青年小说家还有穆罕默德·穆斯塔法·哈米斯、哈利夫·阿赖费、艾哈迈德·焦姆、艾哈迈德·赫杰伊里、阿卜杜拉·哈利夫等。穆罕默德·贾比尔·安萨里在巴林文学评论界享有崇高威望，他是海湾地区第一位当代文学史家。1969年，他出版文学评论专著《酋长易卜拉欣·哈利夫遗著》，1970年又出版《海湾来的消息》一书。

长期以来，巴林没有自己的作家社会团体。20世纪60年代中期，巴林民族主义者曾计划筹建作家协会。1969年9月，巴林成立了第一个作家组织——文学家、作家协会。这个组织在争取创作自由、创作新文学的斗争中起了领导作用。"文学家、作家协会"经常组织文艺晚会、讨论会，总结创作经验，在极其困难的条件下，坚持为青年作家提供发表作品的机会，并注意培养文学爱好者。在该协会的影响下，巴林的艺术爱好者团体不断增加。巴林独立后，该协会和阿拉伯国家建立了联系，成为阿拉伯国家文学家总联合会和亚非作家协会成员，并常派代表出席区域性或世界性的作家代表大会。

20世纪初，海湾国家文化得到了一定发展。巴林距伊拉克较近，伊拉克的文化发展对它影响较大。阿拉伯国家的刊物，尤其是埃及报刊在巴林拥有广大的读者群。在文化政策较宽容的情况下，巴林的新一代文化青年成长起来。人民需要一种新的文学样式，来表达他们的愿望、反映他们的问题，诗歌已经不能满足他们的要求，在这种形势下，小说脱颖而出。

第一，准小说、传统小说与艺术小说的历史继承发展。1941年初，《巴林日报》以节译本的方式刊载了契诃夫、托尔斯泰的两部短篇小说。这是巴林"准小说"的开始。不久，英国当局查封了《巴林日报》，"准小说"也结束了。传统小说是巴林小说初期的作品，写作风格基本上分为两种：一是苏菲式主人公的个人奋斗故事；二是不进行艺术加工，进行简单的生活白描，如短篇小说集《梦幻面面观》。艺术小说是新一代作家创作的一种反映巴林新时代精神、与阿拉伯环境息息相关的小说。这类小说以探讨社会问题为主，作品故事大都是作者的亲身经历或所见所闻。巴林艺术小说的先驱是青年小说家穆·阿·马立克，共出版了两本短篇小说集《马车夫之死》《我们热爱太阳》。

第二，内容丰富，趣味横生，达到很高的艺术水准。这类小说有事件、有人物，记录日常生活中发生的事情，抨击社会道德方面的陋习，讽刺那些盲目照搬西方标准和经验而洋相百出的人，如《盲目的模仿》。20世纪50年代，艾哈迈德·苏莱曼·凯马尔的小说对离婚、早婚、多子女、酗酒、赌博等陋习进行批评。穆·阿·马立克小说集对巴林的历史，巴林的贫民区、狭窄街道、沿海椰枣林、渔村、工厂，以及在农田劳作的巴林人进行了深刻描写。因此，穆·阿·马立克的作品被看作巴林人文、社会的艺术卷宗。青年作家艾明·萨利赫的代表作是短篇小说集《我们在玫瑰生长的地方起舞》（1973年），他的小说风格受西方现代小说的影响很深，其特点是语言精练、主题明确、文风简洁、立意深远。无论在形式还是技巧上，艾明·萨利赫的小说都是一种崭新的艺术尝试。

第三，社会生活是小说取材的宏大主旨。20世纪60年代，青年文学家以现实生活中的一些问题作为素材，把新文化知识作为工具，试图探索一条与阿拉伯世界文学发展相协调的新路子。这些青年作家有穆罕默德·阿卜杜·马立克、艾明·萨利赫、福阿德·欧贝德、穆罕默德·马吉德、哈勒夫·艾哈迈德·哈勒夫和阿里·阿卜杜拉·哈里等。社会改良是巴林传统小说的主题，劳动人民遭受的贫困、疾病和压迫是传统小说作家最关注的问题。有的小说注重描写青年一代的失落和迷惘，如穆罕默德·马吉德的《一支悲哀交响乐的片断》《夜半泣声》《地狱》《月亮为谁而歌？》等作品。

第三节　艺术

一、戏剧

巴林的戏剧发展较晚。20世纪30年代一些戏剧爱好者团体在俱乐部、慈善晚会上举行演出。20世纪60年代，巴林掀起了建造现代剧院、创作新剧的运动，并出现职业剧作家，如法伊萨尔·哈尔方、拉希德·马乌德、本欣杰等。由于剧本触及社会问题，常受地方当局的干预，拉希德·马乌德的剧本《七夜》曾遭到禁演。

巴林专业剧团出现于20世纪50年代中期，20世纪70年代初有"艾瓦勒剧团""民盟剧团""半岛剧团"，主要演出讽刺喜剧，剧本有的来自本地作家的手笔，也有的借鉴科威特、埃及等国的作品，并加以修改。比较有名的剧作家有阿卜杜拉·艾哈迈德、拉希德·马乌德、素丹·萨利姆、穆罕默德·萨利赫·阿卜杜·拉齐格、穆罕默德·阿瓦德、阿卜杜·拉赫曼·白拉卡特等人，剧本内容主要批评社会弊端，揭示陈俗陋习给人们带来的不幸。

20世纪70年代后，巴林戏剧取得了令人瞩目的进步，剧团先后到科威特、阿拉伯联合酋长国和叙利亚进行访问演出，与此同时，叙利亚、埃及的剧团也应邀赴巴林演出。从整体上看，巴林戏剧仍存在一定的问题，如缺乏高水平的剧作家和戏剧艺术人才、经费不足、财源困难、旧的传统习惯禁止妇女登台演出等，这些因素都影响着戏剧艺术的正常发展。

二、音乐

由于部落对音乐的传统认知与体力劳动等同，而伊斯兰教的某些观念更是将音乐艺术解读为"道德价值低劣"，创作音乐和聆听音乐长期被污名化，因此阿拉伯半岛与海湾地区一直被认为是"无音乐的"。[①]然而，海湾地区的古典音乐艺术实际还是较为丰富的，基本上

---

① L Urkevich，*Music and Traditions of the Arabian Peninsula：Saudi Arabia，Kuwait，Bahrain，and Qatar*，New York：Routledge，2015，pp.4.

分为四大类：

（1）与土地联系的音乐艺术，贝都因歌曲和舞蹈即属此类。最有艺术价值的是，它们在竞争与骑士精神中透露出强烈的价值观，并且将骆驼和沙漠动物置于生活方式的中心地位。比如，贝都因舞蹈传统上被称为"比赛"，部分带有竞争的意味，也与比赛中的英勇气质相联系。同样，与骆驼和马相关的韵律，其他音乐元素以及舞步和其他视觉行为在贝都因音乐和舞蹈中都非常突出。贝都因音乐和歌词在记录口述历史方面有着重要的作用。[①]

（2）与外来移民文化联系的音乐艺术，主要带有波斯和非洲元素。

（3）与海洋联系的音乐艺术。

（4）与城市古典主义联系的音乐艺术。

❀ 三、建筑与装饰艺术

伊斯兰教对阿拉伯人生活的方方面面影响至深，反映在建筑上则体现为高过头顶，修成矩形、正方形、三角形或者椭圆形的石墙。巴林早期的建筑依据社会阶层呈现出两种风貌。社会上层的宅邸由珊瑚石砌成，宏伟壮观；而平民的居所以原木、树皮与棕榈叶搭建而成。现代巴林王国的民居主要为平顶式二、三层楼房，一些贵族府邸会在顶层加盖"洋葱式"穹顶。建筑最具特色的装饰是正门，分为双柱式、门洞式和门廊式等。[②]巴林民居常常以石条和原木铺设甬道，分为"直通式""迂回式""通幽式"。甬道的侧面常修建水池，常见的形制有汉白玉雕刻缠枝花卉图案的圆形水池与大理石方体式水瀑。[③]

❀ 四、文化艺术机构

巴林过去没有文学杂志。巴林的首家文化俱乐部成立于1913年，"文学""伊斯兰""巴林""改革""复兴""校友"等俱乐部相继出

---

①   L Urkevich，*Music and Traditions of the Arabian Peninsula：Saudi Arabia，Kuwait，Bahrain，and Qatar*，New York：Routledge，2015，pp.15.

②   王永艳：《海湾国家巴林王国民居的装饰艺术浅说（上）》，《大众文艺》2016年第21期。

③   蔡卫东，王永艳：《海湾国家巴林王国民居的装饰艺术浅说（下）》，《大众文艺》2016年第22期。

现。20世纪60年代末，麦纳麦成立了"文学家、作家协会"。1970年，巴林文学家、作家协会决定出版该协会的机关刊物，但遭到当局禁止。1982年，巴林文学家、作家协会在首都麦纳麦出版了新闻通讯报《卡里马特》。

20世纪40年代，《巴林之声》杂志问世。20世纪50年代，《队列》《祖国》《天平》《丛林》《火炬》《海湾》等刊物相继出版，大大推动了巴林新闻文化事业的发展。至20世纪70年代，巴林共出版了20多种刊物，其中大都为文学刊物。

巴林的广播电视等大众传播媒介也有了一定的发展。1940年，巴林建立了海湾第一家广播电台。20世纪50年代，巴林开始接收沙特阿拉伯电视节目；60年代，巴林电台增加了科威特电视节目。1973年，巴林本国电视台开始播出节目。到1996年，巴林已拥有了33万台收音机、26.8万台电视机，出版图书约150种。巴林广播电台1955年开始播音，用阿拉伯语和英语广播，有4个波段。巴林电视台共有3个频道，其中2个阿拉伯语频道、1个英语频道。巴林电台有24小时的英语及转播卡塔尔的英语频道，可收听到沙特阿拉伯及卡塔尔的广播节目。巴林共有13种报纸，主要报纸有《海湾日报》（阿、英文），《光明日报》（阿文），《巴林湾日报》（阿文），《天天报》（阿文），《海湾消息报》（英文），《海湾每周镜报》（英文）等。巴林还发行一份季刊和几种定期出版的生活指南，另外邻国一些出版物也在巴林发行。

互联网等文化传媒形式在巴林也得到了普及。据2012年6月数据，巴林的互联网用户达到96.1万人。

2012年建成巴林国家大剧院，建筑面积为1.2万平方米，有1 001个座位。

第六章　社会

第一节　人口与民族

❦ 一、人口

巴林人口自然增长率与平均寿命均高于世界平均水平，其中人口自然增长率为1.7%~1.9%，男女平均寿命分别为73岁和75岁。[①] 2016年10月11日，巴林中央信息组织（CIO）公布2015年人口统计数据，巴林常住居民总数达137万。其中巴林籍人口64.7万，占47.2%；外籍人口72.3万，占52.8%。2015年总人口较2014年增长3万，平均每天新生儿152人。[②]

巴林人口发展有5个显著特征：第一，由于交通运输事业和市场体系的发展，巴林没有明确的城乡人口界限。第二，城市是人口聚集的中心。20世纪30年代，阿瓦利等石油产区逐步扩大为城镇，人口由此聚集起来。巴林的城市化程度非常高，只有10%的居民没有生活在城市里。第三，巴林社会主要由三个社区构成，分别是贝都因社区、里法社区和阿里社区。巴林的政治中心于20世纪70年代由首都麦纳麦变为贝都因、里法社区及其周边。第四，巴林各年龄段人口比例呈

[①] Carol Ann Gillespe, *Bahrain*, Philadelphia：Chelsea House Publishers, 2002，pp.56.

[②] 中华人民共和国驻巴林王国大使馆网站，参见：http://bh.china-embassy. org/chn/blxw/t1405180.htm.

纺锤状，比较合理。①第五，巴林的外籍人口庞大，呈现增长快、来源广和职业多样性等态势。

二、民族

巴林籍人口占巴林总人口的63%，其余为印度人、巴基斯坦人、孟加拉人等。

第二节　　宗教

巴林人信奉伊斯兰教、基督教、犹太教和祆教。基督教、犹太教与祆教于波斯统治时期传入巴林。基督教信仰在3—4世纪较为流行。相关文献记载，当时巴林有2~5座基督教会堂。5世纪初，基督教聂斯托利派（在中国被称为"景教"）传入巴林。伊斯兰教于7世纪传入，逐渐成为巴林人最主要的宗教信仰。巴林国内的伊斯兰教教派主要为逊尼派和什叶派。逊尼派占据主导地位，与其他以逊尼派为主的阿拉伯国家来往甚密。什叶派秉承十二伊玛目学说，常常前往什叶派圣城纳杰夫和卡尔巴拉等地朝拜。他们在巴林国内居于次要位置，但与伊朗来往密切。现如今，巴林国内持伊斯兰教信仰的人数高达总人口的85%，而什叶派与逊尼派的人口比例为2∶1。巴林的宗教政策自由且宽松，因此外籍居民可以信仰伊斯兰教以外的宗教。信仰基督教的外籍居民是主体，占92%。其他的外籍人主要为佛教徒、印度教徒和犹太教徒。巴林政府出台一系列政策，如住房改革，兴建"熔炉城"，并促使什叶派与逊尼派和谐共处，以此缓和教派之间的冲突矛盾。然而，此举收效并不理想。

一、什叶派

巴林于15世纪成为与库法和纳杰夫齐名的什叶派教育与学术研究中心。阿特班部落的哈利法家族信奉伊斯兰教逊尼派，1782年，该家族从卡塔尔征服巴林，终结了巴林什叶派的优势地位。逊尼派占领了

---

①　Economist Intelligence Unit，*Country Profile 2006：Bahrain*，pp.16.

岛屿的东部，什叶派惨遭屠戮，因而退守到巴林的西部与北部。20世纪20年代，哈利法家族与沙特阿拉伯的达瓦斯尔部落联手攻城略地，什叶派的地盘进一步缩小。截至2013年巴林的什叶派村庄只有50个，不到哈利法家族征服时的1/6（当时有313个）。哈利法家族的统治宣告着巴林什叶派文化繁荣期的结束，因而成为当地逊尼派与什叶派矛盾的开端。哈利法家族将什叶派定义为非穆斯林，而什叶派也认为哈利法家族是侵略者。

1941年巴林人口调查结果显示，当地居民中98%为穆斯林，其中什叶派占53%。到了20世纪80年代，什叶派人口上升至70%。巴林什叶派人口的来源相对复杂：以本土阿拉伯人为主，为全国总人口的50%；20世纪以前，伊朗的什叶派移民相继涌入，比例约为20%。即使巴林什叶派拥有人口优势，但仍然非常边缘化，政治与社会经济地位远不如逊尼派。什叶派几乎被排挤在国家政权之外，享有的政治权利非常有限。什叶派无法在王室法庭、情报机构和国民卫队等部门任职，而在内政部与军队中的任职率低于3%。什叶派在政府部门中任职的比例也远小于其他派别。议会的席位也是严重向逊尼派倾斜，对什叶派极度不公。2013年，在逊尼派占优势的南部省，每398名居民可选举一位议会代表，而在什叶派的北方省，要选出一名议员竟需要13 655名居民。

巴林社会财富两极分化严重，逊尼派哈利法家族掌握全国大部分土地和石油，而绝大部分什叶派居民生活困窘。他们集中居住在乡村地区，常常一家十几口挤在3间小房子里，需要接受政府住房补助的什叶派家庭有4万多户。另外，什叶派失业率非常高。据相关部门估计，20世纪90年代巴林男性失业率达到16%~30%，什叶派占了其中的绝大多数。什叶派居民的工资待遇较低，难以维持生计。

由于地位低微，什叶派在巴林国内不能享有公正、平等的权利。在巴林社会的六个阶层中，巴林什叶派处于最下层。其他五个阶层由低到高分别是伊朗裔什叶派、专业技术人员、商人、逊尼派部落和哈利法家族。由于本土什叶派的姓氏特征较明显，因而容易受到不公平对待，如教育和就业领域，什叶派始终无法与逊尼派享有同等的权利。哈利法家族宁可在国家安全部门任用外国逊尼派，也不愿意雇用本国什叶派。他们对外国警察肆意破坏什叶派的财物，骚扰什叶派，危害什叶派的人身安全行为听之任之。哈利法家族甚至施行了教派隔离政策。巴林岛西部的里法地区比较繁华，哈利法家族居住于此，其他逊尼派居住在东部地区。什叶派禁止居住于里法地区，更不能获得土地。巴林王国的投资集中在哈利法家族与逊尼派聚居的地方，使得这些地区与什叶派聚居区的条件与基础设施天差地别。哈利法家族鼓励外国逊尼派在巴林定居，以期稀释什叶派的人口比例。

除什叶派外，巴林境遇较为悲惨的还有比敦人（没有国籍的人）。比敦人主要是自伊朗到巴林的什叶派，他们来到巴林的时间较晚，约为20世纪中叶。比敦人没有巴林国籍，处于社会的最底层，备受歧视。他们不仅没有各项政治权利，也不享有基本的社会福利，如进入公立学校以及公费医疗。

二、逊尼派

巴林的逊尼派人口不占多数，但是由于哈利法家族的支持，一直是国内的优势教派。自哈利法家族统治巴林以后，宗教权威与部落权威一直相互伴随。19世纪末开始，逊尼派教法学家受命主理诉讼，协调处理部落间与个人间案件。在此背景下，宗教与政治紧密结合、互相依靠，政治扶持并保护宗教，反之，宗教为政治提供合法的经济来源。

在逊尼派的四大教法学派中，巴林分属其中三个——马立克学派、沙斐仪学派与罕百里学派。哈利法家族及其同盟信奉马立克学派，以《古兰经》和圣训为主要立法依据，严格遵奉教法；商业新贵们则主要信奉罕百里学派。

巴林的逊尼派人才济济，大致分为三支：最有权势的是哈利法家族，构成了巴林的主要国防力量，其中包括鲁麦尼、穆萨拉姆和苏丹以及达瓦斯尔部族；从利雅得来的内志家族多居于城市，主要经商或者成为政府高层，他们包括库赛比和扎亚尼等部族；来自海湾地区的哈瓦拉人大多是商界翘楚或政界精英，如其中法赫罗家族的阿里·法赫罗曾是教育部部长、斯拉维家族成员优素福·斯拉维曾担任工业和发展部部长；而卡农家族控制着阿拉伯半岛最大的造船和航空公司——优素福·本·艾哈迈德·卡农公司。

第三节　传统风俗

一、节日

元旦：公历1月1日，即新年伊始。

开斋节：伊斯兰教历九月三十日或十月一日。伊斯兰教历九月为斋月（赖麦丹），若是九月二十九日夜晚出现新月，则三十日开斋；若不出现新月，则十月一日开斋。开斋节即庆祝斋月结束，与宰牲节和圣纪并称伊斯兰教三大节日。

宰牲节：伊斯兰教历十二月十日。据传，易卜拉欣曾梦见安拉命其宰其子伊斯玛仪，以试其忠诚。易卜拉欣醒来后决定遵奉神意，其行为感动了安拉，于是安拉命天使以绵羊代替伊斯玛仪献祭。12月10日是朝觐期的结束，穆罕默德根据此传说定伊斯兰教历十二月十日为宰牲节，期限为3天。

伊斯兰教新年：希吉拉（徙志），伊斯兰教历一月一日。622年7月16日，穆罕默德率众从麦加迁往麦地那。哈里发欧麦尔将此日定为伊斯兰教历的起始，伊斯兰教历的一月一日即伊斯兰教新年。

阿术拉节：伊斯兰教历一月十日，"阿术拉"即"第十日"。什叶派会在这个节日以铁链鞭挞自己，以此纪念在"卡尔巴拉惨案"中遇难的阿里之子侯赛因。

圣纪：伊斯兰教历三月十二日，也叫圣忌节（冒路德）。三月十二日既是穆罕默德的生日，又是他的忌日。穆斯林在这一日集会，以此纪念先知。集会活动包括信徒去清真寺礼拜，听阿訇诵经，讲述教史和先知的功绩。

国庆日：公历12月16日，即巴林的建国日。

二、家庭

在巴林，多数家庭深受部落习俗与伊斯兰教的影响，人们秉承着传统的阿拉伯人生活方式。巴林社会的核心单元是家庭，宗教习俗赋予了男性和女性不同的角色。巴林是阿拉伯国家中较为开放和自由的国度，城市妇女大多数有文化，可以在企业中工作。农村妇女的生活方式较为传统，她们依照传统，行相夫教子之事。伊斯兰教允许有赡养能力的男子最多可以娶4名妻子，并一视同仁。大多数巴林家庭是一夫一妻的。男性作为养家糊口的家长，在家庭中享有较高的权威。子女在结婚之前都与父母同住。传统来说，穆斯林的婚姻由父母包办，年轻男女不可私会。但是随着现代化程度的提高，多数巴林年轻人可以婚姻自由。近年来，男性和女性都会外出工作，并且共同决定家中的重大事宜。日常的家庭生活由用人或仆人照顾。

❧ 三、饮食

由于信仰伊斯兰教，巴林王国正式场合的宴饮必须食用清真食品，也没有酒。

巴林的烹饪方式丰富且多样，传统菜肴由本地农副产品烹制而成，如水产、椰枣、稻米和羊肉。巴林人也习惯在烹饪中使用香料。

巴林岛的自然条件较好，适合多种蔬果生长，譬如番茄、黄瓜、香蕉、石榴、杧果、椰枣等。巴林的肉类食品主要靠进口，但是本地渔民可以提供鱼虾等水产。

阿拉伯人喜饮咖啡，巴林人也不例外。他们在烹制咖啡时往往会加入小豆蔻、藏红花等香料，使得咖啡闻起来非常馥郁、带有玫瑰香气，用小杯饮用别具风味。依据惯例，客人喝完一杯咖啡后可以再续一杯；如果不需要，人们通常摇动杯子以示谢绝。

❧ 四、社交礼仪

巴林人乐于并善于社交往来。当有人生病住院、生产，或是远游归家，亲友邻里通常会登门探访。传统上，妇人生产后会回娘家住40天，由娘家母亲和姊妹照顾。

巴林人自有其独特的社交礼仪。如果去别人家做客，一定要站在门口，不可向门内张望。右手心朝上代表欢迎客人。大多数巴林人家都会设有接待室。在客厅的地板上铺波斯地毯是传统，客人可坐在上面。热情好客是巴林人的优秀品质，他们经常邀请客人去家里用餐。用餐时以右手抓饭为宜。如果脚底朝向别人，会被认为是侮辱。在巴林，拜访别人之前必须预约。冬天与人约会，应该穿式样较为保守的西装。拜访的时间也需要特别注意，周五、周六与周日是巴林人休息的日子。

🏵️ 五、婚姻

巴林男子如要订婚，需向女方支付聘礼，用以购置衣物和首饰等。结婚当天，男方村子的年轻男性会陪同新郎前往新娘家里。新娘需要梳洗打扮，在手脚上涂脂抹粉，穿纳沙勒，然后坐定于椅子上。当这一系列仪式完成后，女性们会说："愿真主赐福于你！"按习惯，婚礼一般在酒店举行，男性和女性分场举行。

🏵️ 六、衣着

在巴林，农村妇女衣着方式较为传统。而在麦纳麦等较为发达的大城市，部分城市居民服饰较为西化。女性受到的限制较少，她们能够抛头露面，穿着长袍，将头脸与手露在外面。传统的长袍由棉、丝等材质制成，色泽亮丽，妇女们可以内穿较宽松的里衣。传统上，在公共场合，妇女会用头巾将头包住，再用"米尔法"（面纱）将脸遮住。无袖无领的白色长袍是男性的传统服饰，称为"思瓦卜"，冬天男性可穿驼毛长袍。

第四节　　　教育

🏵️ 一、教育简史

海湾国家的民族国家构建在20世纪之初还远没有完成。巴林的情况更甚，由于地理位置的缘故，巴林在域内处于一种接近边缘化的地位。由于经济比较落后，教育的发展也较为迟滞。最初，巴林人接受教育的场所是家庭或清真寺。儿童到了一定年龄后，会被父母送至清真寺学习诵读经文。家庭与清真寺履行的教育职能是让儿童对阿拉伯-伊斯兰文化有基本的了解和认识。学校教育的对象普遍是贵族，穷人很难负担。巴林第一所正规的现代学校于1919年由政府出资兴建于穆哈拉格市；1928年，海湾地区第一所女校在麦纳麦建成；1940年，巴林的第一所现代男校应运而生。[①]

巴林当局深刻认识到教育在国家与民族崛起中所扮演的至关重要的角色，因此坚定地认为应该赋予公民受教育的基本权利，并有远见地将教育与现代化联系在了一起。时至今日，巴林的教育在各个维度都已取得了长足的发展，体现在以下方面：第一，教育内容较之以往更加全面与多元；第二，教育体制突破了传统的窠臼；第三，教育基础得到进一步夯实；第四，教育质量实现了较大幅度的跨越。

巴林并未实行义务教育，是否选择接受教育是家庭与个人的自由。但是鉴于教育有利于塑造更多对社会有用的人才，因此巴林政府不断强化免费教育，并广泛宣传教育的重要性，并且鼓励公民接受教育。一切在公立学校接受教育的公民都可以享受免费的教育服务，包括学费、交通费、书本费、购置校服以及三餐的费用。巴林教育经费在国家财政中所占比例十分可观，约为整个服务业经费的一半。大规模的教育投入带来了积极的结果。1971年，全巴林教育系统共有1 339个班级，2 430名教师和108所学校。1996年，巴林有36 971个班级，6 851名教师，183所学校，学生共计112 059人。截至2010年，巴林识字率为94.6%。多年并未间断的教育革新与进步使得巴林跃入海湾地区教育最发达、国民受教育程度最高的国家行列。除此之外，在不分性别推广全民教育方面，巴林位居中东之首。正在进行的教育体制革新促进教育事业的更深更广发展，为21世纪的巴林社会经济带来更多的机遇。

巴林法定的上课日期是星期六到次星期三，星期四、星期五为休息日。由于公立教育成本高、负担重，巴林当局鼓励民间资本投入教育，共同促进教育事业的发展。因此，巴林私立学校林立，主要是宗教学校，学员大多为在巴林居住的外国人。总体来说，巴林乡村的教育条件远远落后于城市。在一些偏远地区，学生甚至依据性别分开在唯一的一所学校上课。

2009年10月，巴林王储发起的首届"教育项目"在麦纳麦召开。哈佛大学教育学院"教育改变领导力"团队联合主席托尼·华格纳，

---

① B.贝内特，M.豪厄尔，U.西姆利等：《巴林体育与竞技运动》，《齐齐哈尔师范学院学报》（哲学社会科学版）1995年第2期，第116~121页。

经济合作与发展组织（OECD）教育司、指标与数据分析部负责人安德烈斯·施莱彻等多位专家莅临此次会议。该项目的主旨是共商提高全球各阶段教育质量的良策。

当然，巴林教育事业中还存在一些问题，其中较为明显的是外籍人员的受教育程度以及薪金待遇呈现较为严重的两极分化态势。首先，外籍人员中有相当比例拥有较高学历且受过系统专业训练。然而，没有受过教育的外籍劳工也有一定规模，他们生活在非标准"营房"之中，薪酬很低。

❖ 二、教育体制

巴林教育部的工作分为七个模块，分别为政府和财政、普通教育、高等教育、技术和职业教育、计划、考试和成人教育、体育和儿童委员会。基本的教育制度为免费教育与普及九年中等教育制度。适龄学生以自愿为原则，选择进入公立或私立学校登记入学，残障儿童在特殊学校接受教育。学制的基本设置为：小学六年制，初中三年制，中等学校三年制。教学模式沿袭英国，为注入式教学。一学年为两个学期，共36个星期。公立学校学生到校时间为7：30，放学时间为13：30（小学普遍学时更短）。私立学校的上课时间不受上述规定制约。两学期之间的假期为两周。聘用的教师应有本科学历。巴林实行男女分校，学校的教学人员、管理员、其他员工和学生都是同一性别。①

（一）学龄前教育

学龄前教育分为两个阶段，针对年龄不够上小学的婴幼儿，分别为：托儿所，招收0~3岁儿童；幼儿园，招收3~6岁儿童。教育部不管理学龄前教育事务，但办学应该遵守相关法律法规。

（二）小学教育

巴林当局重视小学教育，于1982年基本奠定现代巴林小学教育模式。巴林小学招收6~11岁学员，学制为六年，分为两个阶段：

第一阶段为小学低年级，包括一至三年级。该阶段实行班主任

---

① 亚斯：《巴林王国的教育概况》，《外国中小学教育》2006年第1期，第5~9页。

制，依据"课堂教师"原则，一名教师兼授多门课程。英语、设计与技术、体育和音乐等课程由专人教授。主干课包括阿拉伯语、伊斯兰教育、数学、科学、家庭科学和美术课程。

第二阶段为小学高年级，包括四至六年级。该阶段实行辅导员教师制度。所有课程都由科目教师教授。

巴林教育部统计数据显示，巴林小学管理者中女性所占比例较高，具体原因如下：第一，在女性失业率普遍较高的情况下，将女性安置在小学是巴林当局解决失业的途径之一。第二，巴林学校中男性教职工本身较少，男性大多不愿从教或根本没有教师资格。

（三）初中教育

初中教育在巴林的教育体系中居于承上启下的位置。招收 12~14 岁学员，学制三年。完成小学阶段学业并取得继续接受教育能力证明的学生方可进入初中学习。"科目教师"是初中阶段的基本原则。初中生的必修课包括伊斯兰教育、阿拉伯语、英语、数学、科学与技术、社会科学和体育。选修课主要包括美术、歌曲与音乐、土木技术、电脑技术、农业技术。

（四）高中教育

高中教育阶段学制为三年。完成初中阶段学业并取得继续接受教育能力证明的学生方可进入高中学习，毕业后学生可以拿到普通高中证书。一学年分为两个学期，每个教学日有 6 个课时，每个课时有 50 分钟。高中实行学分制。学生应依据毕业后发展方向制订计划，从而选择相应的选修课。

巴林的高中教育呈现以下特点：

第一，该阶段供学生选择的课程方向有 6 种：理科课程、文学课程、商业课程、技术课程、印刷广告课程以及纺织与服装课程（仅限女生）。理科、文学、商业、纺织与服装方向各需修够 156 学分，技术方向需要修够 210 学分。

第二，大致分为 4 个课程组，课程类型多样、各具特点。核心课程组呈现出多样性与综合性的特征，基本目标是培养学生的知识、技能和态度，基本主旨是开发学生的学习潜力与自学能力。专业课的基本特点为灵活，根据专业差别来设定。专业选修课专注于某一专业知识领域，体现出研究的深入性和科学性。公共选修课程是对以上课程的有机补充，主旨培养学生的情志与能力，并对其他组别的课程进行平衡和综合。学生必须同时修够四个课程组的课程学分方可毕业。

第三，依据课程方向，不同组别的课程所占学分比例不同。理科、文学、商业、纺织与服装等专业方向学生，必须修够总学分的45%的核心课程；技术方向学生，必须修够总学分的23.8%的核心课程。理科、文学和商业方向的学生，必须修够总学分的39%的专业课程；纺织与服装方向的学生，必须修够总学分的64.8%的专业课程；技术方向的学生，必须修够总学分的57.2%的专业课程。理科、文学和商业方向的学生，必须修够总学分的8%的专业选修课程；纺织与服装方向的学生，必须修够总学分的11.4%的专业选修课程。技术方向的学生，必须修够总学分的19%的公共选修课程；理科、文学和商业方向的学生，必须修够总学的分别约8%的公共选修课程。

（五）宗教教育

相关法律法规，只有宗教学校才能履行宗教教育职能，主要招收男性学员。宗教教育的基本制度与世俗教育基本一致，区别在于基本的学科设置。宗教学校的主干课程包括伊斯兰教学科。学员毕业可以获得普通高中证书（宗教学科），学历与普通高中毕业相当。2003年，巴林政府建立了伊斯兰教什叶派学科学院，旨在促进教派间宗教教育的平衡发展。

（六）中等职业教育

经济全球化的日益推进以及巴林的优势经济部门都要求培养大量的职业技术人才。为适应社会经济日新月异的发展，巴林当局加快了推进中等职业教育的步伐。1979—1980年，巴林实行中等职业教育多样化的政策，扩大中等技术教育规模，将一部分原来的中学学生分流到中等职业学校中，并改革中等职业教育的基本框架。中等技术教育开设科目在原来基础上有所增加，包括工业、商业和医护、宾馆、旅游、纺织、服装、农业、动物饲养、印刷等。劳动与社会事务部也开设相关中等职业技术培训中心，招收初中毕业生。1991—1992年，巴林当局推行中等教育管理制度改革，旨在增强毕业生的文化素质。1995年，巴林全境所有中等职业学校全面落实学时制。1994年开始执行的资格阶段制响应巴林发展工业教育的新战略，进一步提高了职业技术人员的专业业务素质与文化素养。

中等职业学校毕业的学生或选择进入高等院校接受深造，或选择求职。21世纪以来，巴林中等职业学校的学员数量是20世纪的两倍。但是劳动市场反馈出了新问题与新要求，即巴林急需专业更加多样化的技术人才。传统的专业技术设置无法满足社会经济的要求，最近一项数据表明，印刷技术、电脑技术和植物栽培等方向的技术人才仍然供不应求。2005年，巴林教育部设立专项资金资助发展相关学科领域并培养相关学科的项目，联合国也在其中发挥作用。联合国教科文组织总部技术和职业教育分部与巴林教育部技术教育司共同举办的课程发展研讨会于2005年7月在巴林首都麦纳麦召开。参会的4个联合国顾问与巴林本土专家对课程结构的设置进行密切磋商，并且拟订了一份详尽的课程内容计划，包括学制三年（6学期），每学期15周。课程以能力为基础，同时包括理论和实践部分的课程目标以及评估指南。新的课程遵循了理论联系实践的教育要求，课程中的实践内容大约占60%，而且特别强调信息技术应用和企业家素养方面的教育。

（七）高等教育

高等教育的规模最能体现一个国家科技、文化的水平。因此，巴林当局高度重视高等教育的发展，着眼于建立高水平、多学科、成体系的高等教育系统。

1966年，在埃米尔的主张下，巴林成立了教师进修学院。其主要职能是培养中小学教师。学院招收的学员为初中毕业生，选拔条件严格、录取程序复杂。共录取420名学生，男女性别比例为1∶3.2。学校有42名教师，男女比例为5∶2。学制为两年，课程设置主要向约旦学习。普修课程包括阿拉伯-伊斯兰文化、阿拉伯文化、社会发展、英语、数学、科学、体育、艺术和手工；职业课程包括教育简介、儿童成长与心理、心理学、课程教学组织及教育实习；专业课程包括阿拉伯-伊斯兰文化、英语、社会研究、体育保健、艺术、手工、科学及数学。

现代巴林第二所高等院校为1967年成立的高等女子师范学院；次年，巴林和英国合办的海湾工学院成立。1980年，上述两所院校与

1978年成立的巴林文理教育学院合并。1978年，巴林海湾技术学院建立，工程、商务、管理等专业在整个海湾地区位居前列。1982年成立的阿拉伯海湾大学为海湾合作委员会主办，校址定于巴林，下设医学院、应用科学学院和教育学院。

在伊萨埃米尔的主持下，现代巴林高等教育发展的里程碑——巴林大学于1986年建立。巴林大学培养层次分为专科、本科与硕士，下设5个学院（分别为文学院、管理学院、教育学院、理学院和工程学院）与1个英语中心，开设40余个专业。截至1997年，巴林大学共培养了6 300名毕业生，平均每年毕业学生为800人。

教育部以外的其他部门也下设直属高校：内阁事务与新闻部的直属高校为1973年成立的供给与宾馆事务培训中心，开设的主要专业为宾馆和旅游业；卫生部的直属高校为1976年成立的保健科学学院，开设的主要专业为医学护理；劳动与社会事务部的直属高校为巴林培训学院，未进入高等院校的中学毕业生与肄业生在这里接受中等技术培训。

（八）非正式教育

巴林的非正式教育即成人教育。巴林当局大力发展非正式教育，旨在鼓励成人继续接受教育。其学员大致分为两类，即文盲和有一般读写能力的成年人。成人教育最高持续六年，大致分为三个时段：读写能力教育时段、跟随时段和巩固时段。

（九）师资

教师队伍的不断优化是巴林发展教育的一个基本原则，因此，巴林当局花费大量财力与精力将优秀的人才引入教育行业。巴林教育部于20世纪90年代在麦纳麦与穆哈拉格设立了以培养高素质教育人才为基本目标的教师培训中心。

教师队伍巴林化是巴林当局的另一项战略，于20世纪70年代实施。这项战略的核心思路是，巴林公民是国家进行社会与经济发展的基础。巴林政府还将部分高中毕业生送出国深造，并且鼓励他们回到巴林任职。对部分教师进行培训，使其文化素养与教育水平达到应有的水平，是巴林教育部的另一项举措。

尽管由于宗教因素，妇女在巴林的就业市场上受尽歧视，但是教育行业的情形刚好相反。

第五节　**体育和娱乐**

❖ 一、足球

　　巴林最流行的体育运动是足球。巴林足球堪称海湾足球的另类，巴林球员身材高大、作风硬朗，颇有欧洲足球的风格。20世纪90年代，巴林足联登记的球员有4 000名，有36个足球俱乐部，每天下午都有球赛。巴林的爱莎城体育场建于1969年，可容纳数千人，是巴林训练中心设备最齐全的体育馆。巴林的足球源于历史传统，在历史上巴林曾经被伊朗人长期占领，现在不少巴林公民都有波斯血统，而一些巴林国脚甚至还能说一口流利的波斯语，在西亚地区最能给伊朗队制造麻烦的不是沙特阿拉伯队，恰恰就是足球风格同祖同宗的巴林队。2001年十强赛上，正是巴林队把伊朗队逼入了附加赛的险境。截至2018年，巴林共5次跻身亚洲杯。2004年亚洲杯上巴林成为最大一匹黑马，首战以2∶2逼平东道主中国，最终获得了亚洲杯第四名，这也是巴林足球的最佳战绩。

　　在2006年多哈亚运会之前，巴林人已经有长达20年的时间没有摘得过亚运会的奖牌了。然而在多哈亚运会上，巴林人取得了7金9银4铜的历史最好成绩。同自己的海湾近邻卡塔尔一样，巴林也采取重金雇用"海外兵团"的政策来充实自己的实力。田径赛项目是巴林人的优势所在。在多哈亚运会巴林所取得的7枚金牌中，田径选手们所摘得的金牌便占到了其中的6枚。

❖ 二、赛马、猎鹰和钓鱼

　　很久以来，马是阿拉伯人贸易交往和冲锋陷阵必不可少的工具。几个世纪以来，驯养马匹一直是阿拉伯半岛民众所珍视的民间传统。据说易卜拉欣的儿子伊斯玛仪是阿拉伯半岛驯服马匹的第一人。巴林的沙漠马动作敏捷迅速，一直在世界上享有美誉。今天，富有的巴林人都以拥有纯种的阿拉伯马而自豪。巴林人十分喜欢骑马学校和赛马俱乐部。赛马会是巴林重要的体育活动，一般在穆斯林假期星期五举行。马会期间，参会人数众多，矫健的阿拉伯骑手英姿飒爽，比赛时群马奔腾，场面十分壮观。赛马会后一般还有赛骆驼比赛。

猎鹰狩猎也是巴林人一项古老的体育运动。猎鹰一般站在主人的前臂，绳子一头拴住鹰腿，另一头抓在主人手里。猎物出现时，主人放开绳子，猎鹰开始狩猎。

钓鱼也是巴林人喜欢的体育娱乐活动。巴林临海，拥有广阔的沙滩，滩内水位很浅，海水清澈，钓鱼一般不用钓竿，在堤道或小船上扔下鱼线、鱼钩即可。

❖ 三、学校体育

体育课是巴林从小学到高中的必修课，小学一二年级每周上三次体育课，三四年级每周上两次体育课，五六年级每周上一次体育课；中学两周上一次体育课，中等学校也是如此。学生每年在校时间为115天，为了每年五月份的升学考试，四月份学生停止体育课。体育教师文化水平不高，一般仅为高中毕业，大多数教师在教师进修学院修过两年的课程。个别教师有到埃及或伊拉克留学的经历。由于巴林国内体育教师较少，巴林政府从埃及、约旦和沙特阿拉伯等阿拉伯国家大批引进体育人才。这种状况造成巴林体育教育的埃及化和美式化。体育课包括以下几个部分：（1）10分钟技能训练——教师讲解、示范动作，学生坐着听；（2）20分钟的交替训练——学生分组训练篮球、排球、手球、足球的新技术。1977年，巴林体育课采用美国体育学院的课程，全年包括九个校级比赛项目：秋季的足球、排球；冬季的篮球和越野；夏季的手球、跑步和跳跃等竞赛。

巴林师范学校的体育也有自己的特点。学生必修四个学期的体育课，每周有两次体育课，共1.5个学分。师范学校的体育必修内容包括：讲授一般的体育知识，如体育的发展简史，阿拉伯世界的体育状况，国内外的民族舞蹈和体育运动，如何帮助学生增强体魄、耐力和勇敢精神，体育和健康的关系，运动的安全问题，游戏的科学性。学生必须从篮球、排球、手球、足球、网球、羽毛球等课程中选修两门课程。师范学校的体育课学科覆盖面涉及学校体育史、方法学、解剖学、生物学等众多领域。但体育课中缺乏专业技能训练，也忽视考试和测验。

❀ 四、休闲娱乐

巴林人多为祖居沙漠的贝都因人的后代，沿袭了祖先的生活方式。如今的巴林人仍然会开车进沙漠欢度周末，自己搭建帐篷，全家喜气洋洋。"捉迷藏"是巴林儿童喜闻乐见的游戏形式。小姑娘们更倾向于用旧衣服做成各种东西，并用它们演节目；男孩子则喜欢自己制作小船，互相比赛。

第六节　　国民生活

❀ 一、住房

由于人口增速与住房增速完全不成比例，巴林面临着严重的住房短缺问题。1941—1970年，巴林人口年增速为3%，然而住房供应年增速却比前者低0.4%。其中，大城市的境况更令人担忧。巴林首都麦纳麦的人口年增速为7.3%，而住房供应年增速比人口增速低0.6%。1981年巴林人口统计数据表明，大城市人口增速居高不下。麦纳麦人口在1971—1981年间增长了1/3，而同期内穆哈拉格人口增幅达到2/3。更有甚者，锡特拉人口成两倍递增，而吉德哈弗斯以三倍人口的速度递增。[①]人口激增使得住房严重供不应求，一时间，住房形势极为紧张。以1976年数据为例，彼时巴林全国有72%的乡村屋舍亟待修缮，而住房密度达到了每间房屋2.6人。[②]

住房紧张的供需关系引起了巴林当局的注意。2007年11月，巴林首相、王叔哈利法主持召开工作会议，力图解决住房问题。为了使住房问题得到落实，巴林政府痛下决心，实施以下措施：第一，推行房

---

① FH Lawson，*Bahrain: The Modernization of Autocracy*，Westview Press，1989，pp.11.

② NC Grill，"Urbanisation in the Arabian peninsulna"，*Centre for Middle Eastern and Islamic Studies*，University of Durham，Occasional Papers Series，no.25(1984)，pp.71-74.

地产抵押贷款；第二，与民营资本共同发行房地产债券与社会住房基金。

2008年2月，哈马德国王发布命令，敦促加快居民房屋建设。住房部代理次大臣纳比尔·阿布·法塔赫博士表示，2010年前建成民用住宅3万套，而申请人数达到4万。

巴林经济发展委员会（EDB）提供的报告表明，人口增长过快刺激了巴林住房需求的迅速增长。2010年，巴林公民的住房需求量为12.4万套，预计2020年将增长到17.3万套，而2030年的需求量可能会达到22.5万套。以现有法律体系为前提，预计2020年，只有47 865户家庭有资格获得社会保障性住房，到2030年也仅仅增至56 208户，这远远达不到需求量。除此之外，非巴林籍人员住房也存在较大缺口。依据当前数据，眼下非巴林籍人员需要61 117套住房，预计2020年会增至90 467套，2030年将达到121 581套。总体看来，巴林住房的总需求量蔚为可观，将实现从2010年至2020年再至2030年间，从145 181套至263 536套再至346 718套的跨越。据估计，2010—2020年，巴林政府在住房建设的支出为11.1亿美元，2020—2030年的支出将达到6.4亿美元。另一项数据显示，截至2020年，政府出租房屋与住房贷款的利息收入为每年3.8亿美元，这笔收入可以负担87 000套房屋建设的支出。[1]

巴林工商会主席伊萨姆曾于2012年4月发出倡议，建议政府大力推进建筑用房与基础设施的建造，切实解决住房供求关系紧张的问题，从而推动经济发展，带动建筑产业升级。他同时呼吁，应该让更多的私营企业参与到这些项目中来，带来新的活力。另外，应加大建设公寓楼的力度作为未来发展的战略。

在住房问题上，巴林政府表现出一定的决心与行动力。巴林当局自2011年开始分析住宅建造速度放缓的原因，并且制订了2012—2016年建造5万套住房的计划。次年，巴林各省都将精力投放在住房建造上。2012年数据显示，正在进行的各类项目约有41个，散布于22个地区。科威特为这些项目提供了最主要的资金支持。根据该计划，巴林公民在购买私营资本开发的房地产时，可以在巴林国内的银

---

[1] 巴林住房需求持续增长，中华人民共和国商务部网站，参见：http://www.mofcom.gov.cn/aarticle/i/jyjl/k/201111/20111107842637.html.

行贷款，25年内还清，这一行为受到政府保护和支持。该项目的一期试点推出200套保障性住房。2012年，共计1 332名巴林公民分4批申领到住房贷款，总额为4 069.5万巴林第纳尔。这些贷款的用途涉及住房的购建与修缮等。除此之外，巴林住房部对保障性住房的发放实施办法做出了修订，新的条例规定：第一，项目一经开工，住房就应该明确地分配给个人，以安抚民众；第二，住房的分配采取电子抽签形式，每个申请人抽取3套，最后选择其中一套；第三，对住房部接单中心工作人员的工作方法与工作态度也做出了改进。

2016年8月23日，王储萨勒曼视察住房部，副首相兼基础设施建设委员会主席哈立德、住房大臣哈默尔陪同。萨勒曼赞赏住房部工作高效，自斋月以来完成了向巴林民众配发3 000套住房，并指示该部在未来数月再分配3 200套住房，以不断改善民众生活水平。10月8日，巴林首相哈利法批准5 000套保障性住房的"东锡特拉住房项目"，要求住房部、财政部与相关部门合作寻找国际伙伴与巴林住房银行共同为项目融资，推动项目年底前动工。住房大臣哈默尔表示，此举表明巴林政府致力于实施国王为公民建造4万套住房的御令，确保实现《政府行动计划》即2018年年底前完成2.5万套住房建设的目标。[①]

✤ 二、就业

在巴林，人们最主要的就业方向是国家机关与国有企业。据相关数据，1992—2002年，上述岗位的年增速达到2%，解决3.6万人的就业。在这当中，90%为巴林公民，占巴林籍劳动人口总数的50%。

外籍劳工是巴林劳动市场上一股不容小觑的力量。印度、孟加拉国、菲律宾及巴基斯坦是向巴林输出劳工的主要国家。许多劳工扎根于巴林，几代人都居住于此。由于私有企业限制较少，因此外籍劳工充斥着私企。在8.4万个巴林私企就业岗位中，外籍劳工所占的比例高达75%。大量地输入劳工使得巴林17.3%的GDP流向了印度、巴基斯坦等劳动力出口国，其具体原因如下：

首先，绝大多数的巴林外籍劳动力都没有合法地位。私企更倾向于从黑市上聘用外籍劳工，因为他们要价很低，80%以上月薪不到

---

① 中华人民共和国驻巴林王国大使馆网站，参见：http://bh.china-embassy.org/chn/blxw/t1404278.htm.

531美元。

其次，外籍劳动力的优点非常明显：能吃苦，薪水低，普遍英语口语较好。巴林公民很难与其抗衡。

然而，聘用外籍劳工对巴林劳动市场的管理以及就业市场本身都造成了较大的冲击，表现在以下方面：

首先，外籍劳工对工资的要求较低，同时拉低了就业市场的平均薪酬。2017年，巴林私营领域月平均工资为1 082美元，公共领域月平均工资为1 838美元。①

其次，外籍劳工大量涌入并被雇用直接导致巴林就业市场供过于求，使得巴林本土劳动力失业率攀升。2016年，巴林失业率为4.3%；2017年上半年，失业率为4.2%。

再次，由于外籍劳工有较强的竞争力，因此多数巴林籍劳工所在的岗位均技术水平较低且薪酬较差。许多人对这种境遇非常不满。

巴林劳工市场存在着明显的结构性缺陷。如果要改变这种局面，提高巴林人的就业率，那么应该对巴林的劳动力市场进行改革。私营企业经营模式关乎巴林经济发展是否可以持续，因此，企业必须以聘用巴林人作为首要考量。

相关数据显示，2013年1—3月，共有500 142名劳动力参加社保，其中，巴林公民为83 745人，外籍劳动力中外籍员工为416 397人。在外籍劳工中，男女分别为390 520人和25 877人。

相关部门仔细统计了各个部门中巴林籍与非巴林籍员工的收入情况。在私营企业中，巴林籍人员人均月工资为666巴林第纳尔。月收入在200~400巴林第纳尔的占47%，400~600巴林第纳尔的占16%，超过4 000巴林第纳尔的仅有1 115人，约占1%。政府部门的巴林人境遇相对较好，人均月收入为782巴林第纳尔。外籍劳工平均月收入为211巴林第纳尔（男性205巴林第纳尔、女性300巴林第纳尔）。月收入在200巴林第纳尔以下的外籍劳工人数为324 565人，4 000巴林第纳尔以上的仅有1 895人。在2013年1—3月，私企退休人数为455人，同比增长6%，平均退休工资为每月552巴林第纳尔。

---

① 巴林劳务市场现状、改革和启示，中华人民共和国驻巴林王国大使馆经济商务参赞处，参见：http://bh.mofcom.gov.cn/article/ddfg/laogong/200410/20041000298655.shtml.

2012 年，巴林人均国民生产总值为 2.4 万美元。根据世界银行的界定，巴林属于高收入国家。巴林政府对就业领域的措施显现了良好的成效。2003—2012 年，巴林的就业率同比增长 39%，工资增幅为 54%。巴林人口结构呈现年轻化态势，少年儿童与妇女所占人口比例为 60%。由于大多数巴林妇女选择传统的生活方式，不外出工作，因此，虽然就业率为 41%，但是巴林实际上的就业状况相对乐观。

三、巴林化的就业政策

在多数巴林人心目中，增强本土劳动力的素质，远远比提高石油产量重要。在如今的中东地区，就业率是衡量一个国家安定幸福与否的关键因素。稳定的就业率在很大程度上可以起到安抚民心的作用。在海湾合作委员会国家中，雇用外籍劳工的现象极其普遍，而巴林是独一无二的无须依靠外籍劳动力作为经济发展动力的海湾国家。巴林当局采取了一系列措施落实巴林本土公民就业，呼吁外资企业在巴林招工：

首先，为促进巴林人就业，巴林政府规定，凡在巴林的外资企业，必须雇用一定数量的巴林公民，这就是巴林化的就业政策。这项政策还有若干配套的扶助政策，具体包括：第一，巴林政府向雇佣企业提供一定金额的巴林员工保险；第二，向首次求职者或长期失业者发放补贴；第三，向巴林公民提供就业培训，涉及的方面有职业道德、工作态度与工作技能；第四，建立专业的中间机构，负责沟通联络企业与巴林劳工；第五，鼓励私企与巴林籍劳动力签署长期聘用合同。

其次，开展积极的劳动力职业技能培训。巴林法律规定，外籍劳动力每月须交付 26 美元的税款。其目的是：第一，无形中抬高外籍劳工的聘用成本。第二，这笔钱主要用于筹措巴林劳务基金。该基金于 2007 年建立，旨在向巴林人提供免费职业技能培训。

最后，巴林政府积极推进劳动力市场的改革。改革的基本方向为：向外籍劳工征收税费，给外籍劳工实施固定配额，限制外籍劳工在整个经济体中的人数。具体方案如下：

第一，增加外籍劳工的雇佣成本。每个劳工许可证要花费企业 1 594 美元，时效为两年，过期需更新，更新时重新交费。除了必要的费用外，外籍劳工每月从企业领取199美元。据估计，改革以前，如果要聘用一个平均工作水平的外籍劳工，企业每月的花费为292美元；改革以后，同等情况下，企业的费用为每月611美元，比雇用巴林人高出27美元。

第二，巴林政府设置了外籍劳工的配给上限。

第三，改革以后，合法居留的外籍劳动力有权更换工作单位。这使得原来体系下固若金汤的雇佣关系被动摇，失去长期忠于工作企业的外籍劳工就丧失了部分竞争力。

第四，改革后的巴林根据国际劳动组织（ILO）原则制定统一就业标准，有助于提高巴林人的就业率。

第五，巴林改革方案取消私营企业的巴林化雇佣指标，同时取消了对外籍劳工的人数上限。这种择优录取的措施有助于巴林人提高自身素质，提高竞争力。同时，这种方案有助于消除黑工与假公司问题。

❀ 四、饮用水

巴林地下的淡水资源是相当丰富的。历史上，巴林作为商路上的重要中转站，长期为来往船只提供淡水补给。麦纳麦的城市地下水资源非常可观，汩汩涌出的泉水形成片片小湖，溪流纵横交错，使得岛上景色别有一番秀美。巴林岛上分布着大量的泉眼，如麦纳麦附近闻名遐迩的"处女泉"。泉水既可以灌溉附近的种植园，还可供人们取用。当地人认为这些泉水有药用价值，可以治疗皮肤病。

然而，在这一地区炎热干燥的气候条件下，人口激增会大量消耗地下水资源。20世纪70年代末80年代初，巴林的淡水资源曾相对匮乏。相关数据显示，1973年，巴林全国淡水日消耗量增至2 100万升。此后一路飙升，1978年为6 800万升，1982年为1.15亿升。[①]除了生活用水外，巴林的淡水资源最主要用于土地灌溉。淡水层下降导致海水倒灌和渗入，进一步加剧了淡水资源短缺的不利形势。淡水消耗量的激增引起水资源供求关系的紧张，因此，巴林当局在锡特拉建立了国营的海水淡化厂。

巴林政府高度重视水资源问题。1982年，包括总理、内阁各部和

---

① FH Lawson，*Bahrain：The Modernization of Autocracy*，Westview Press，1989，pp.15.

麦纳麦市长在内的水资源委员会成立。巴林与瑞典某家公司的一项合同也于同年达成，根据该合同，瑞典公司为巴林建造一个日供水1.14亿升的海水淡化厂。同年夏天，意大利某公司负责营建的海水淡化厂在锡特拉地区建立。在开源的同时，巴林政府同样注重节流，大量自流水泵站被巴林水资源委员会关掉。政府的行动力仍然不能根本解决夏季用水高峰时期水资源的缺口。因此，巴林当局不得不在1985年以每年210万美元的高价从英国公司购买每日1.6万升的井水供应。斥巨资营建海水淡化工厂取得了不错的成效，1997年的数据表明，当时巴林国内一半的淡水资源都来自淡化处理后的海水。当然，巴林也极尽充分地利用淡化后的海水资源。2011年，巴林斥资增加海水淡化工厂的产量，从每天14 300万加仑增至每天2亿加仑。与此同时，巴林还推进转化系统与储水设备的更新换代。

现代生活方式的转变给人们带来了较高的生活水准，同时进一步导致水资源需求量的增加。2007年世界人均日用水量为180升，而此时巴林人均日用水量竟然达到600升。2006年，巴林总用水量为1.69亿立方米，巴林水电部相关负责人估计，2025年，巴林年用水总量将激增至2.2亿立方米。因此，巴林政府呼吁人民珍爱水源，维持水资源与社会经济的可持续发展。

第七节　社会结构

巴林社会阶层蔚然分明，概括起来有三个层次：站在金字塔尖的是以王室为代表的统治集团与金融商业寡头；中间阶层是作为王室家族亲密盟友的其他阿拉伯部族成员、国家公务员与大城市的商贾显贵；底层是城镇与乡村的工人、手艺人、技术人员和农民等。各阶层之间互动是社会结构、各种力量的联盟模式以及国家安全稳定的基础。

哈利法家族是巴林社会的中坚力量，牢牢掌握着国家的政治社会经济命脉。从18世纪末开始，哈利法家族陆续以没收部族土地，任命同族成员管理地产以及经商等手段将整个国家握在手里。在勘探出石油以前，巴林的支柱产业是采珠业。18—19世纪，与哈利法家族过从甚密的巨商大贾垄断了巴林的珍珠市场，之后，又逐渐控制了土地、军事供应与建筑业。这些巨商大贾是巴林统治阶级的坚强后盾，既为王室家族提供了财政支持，还积极为政府献计献策。较重要的商人家族有艾尔·本·阿里和达瓦斯尔家族，他们曾垄断了阿瓦利东北海岸的珍珠生产区域。然而，19世纪30年代以后，他们同哈利法家族的关系江河日下。1923年，达瓦斯尔家族在与王室的武装冲突后被流放至哈萨海岸的达曼。在此之后，王室家族在岛内的积威甚重，许多部族向其表示臣服。哈利法家族挑选忠诚的人员，委以重任。

巴林的商业寡头分为两股势力：第一类家族的大本营为巴林岛的中部，以与哈利法家族结盟的纳吉迪斯家族为代表，与南亚次大陆有较为密切的商业往来，主要向印度销售珍珠。第二类家族是自巴林珍珠业兴盛时来自波斯湾地区的移民，以麦纳麦为大本营，主要是伊朗人，与伊朗的关系非常密切。

中间阶层是政府的公务员。虽然高官出身自巴林岛的商业家族，但是中低级公务员包含各阶层的人。就族源来说，巴林的商人分为三类：第一类是18世纪来到巴林的科威特逊尼派后裔，第二类是哈萨地区土生土长的什叶派，第三类是来自波斯的什叶派。[1]他们主要分布在麦纳麦、胡拉和阿加木等地，在主流社会中的认可度较低，没有太大的社会影响。

居于巴林社会底层的是农民、手艺人和小商人。小商人支持哈利法家族的统治，自己也在其中谋取利益。巴林的农民中什叶派占大多数。为了谋求利益，哈利法家族没收农业用地，使之转换为商业用地，牺牲了农民的利益。然而，乡村中的手艺人相对来说受传统显贵家族和部落的控制程度较轻。一个非常明显的例子是吉德哈弗斯的药农以及阿布塞比、萨那比斯的绣工家族，他们的自治程度较高，不受统治集团的剥削，至今仍拥有小块私有土地。

在城市中，工人与低收入雇工占据人口的绝大多数，它们分布于首都麦纳麦和穆哈拉格周边，这些地区也相对贫困。城市人口有时也会发生分化，比如面对就业的竞争时，巴林籍的工人会团结起来，一致对抗外籍劳工，比如印度人、伊朗人与阿曼人等。

---

① B.D.Hakken.Anthony，"Sunn-Shia Discord in Eastern Arabia"，*The Muslim World*，vol.23（1993），pp.302-305.

第七章　外交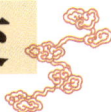

第一节　对外政策

巴林王国奉行中立且不结盟的对外政策，包括：第一，突出巴林王国在海湾地区、阿拉伯世界与国际层面的主权、独立与团结。第二，维护巴林在海外的策略、政治与经济利益。第三，发展并巩固巴林王国和阿拉伯世界及国际委员会的关系。第四，在阿拉伯世界和国际会议中代表巴林王国。第五，支持合理、正当的阿拉伯与伊斯兰民族事业，以巴勒斯坦为先。①

巴林的对外政策表现为加强与其他国家的联系与合作往来，反对外部力量干涉海湾地区的国家主权与地区事务。巴林王国的外交关系分为三个层次：在外层，与西方大国保持紧密联系；在中层，与伊斯兰国家保持团结合作；在内层，与海湾地区国家保持睦邻友好关系。

除了与其他国家建立借助型联盟关系以外，巴林王国的外交策略较为明晰且审慎。巴林现今已与多个国家建立了外交关系。

巴林支持联合国安理会改革，旨在通过此举扩大联合国大会通过的决议的权威和效力，并希望改革后的联合国安理会能更多地考虑发展中国家的利益，提高工作效率、公正性与透明性。

在内层与海湾国家的交往上，巴林同时面临着机遇与挑战。巴林虽然与其他合作委员会成员国有着广泛的政治、经济、军事等共同利

---

① 巴林外交部官网，参见：http://www.mofa.gov.bh/Default.aspx?tabid= 88&language=en-US.

益，但也存在竞争与矛盾，特别是与科威特之间有领土纷争。巴林希望能在海湾域内实行战略平衡，希望各国实现制衡，不希望任何一个国家称霸域内。

在中层与伊斯兰国家的关系上，与伊朗和伊拉克的交往是主要内容。这个策略带来了两方面的后果：其一，使得巴林在缓和中东地区紧张局势所扮演的积极角色愈发重要；其二，巴林也由此对海合会尤其是沙特阿拉伯依存度愈发明显。由于历史、地理与人口比例等因素，巴林与伊朗的关系非常微妙。历史上，伊朗曾三次占领巴林，还不止一次地对巴林提出过主权与领土要求（如巴列维王朝以及霍梅尼时期）。在伊朗人眼中，巴林本应该是伊朗的组成部分。面对来自伊朗的挑战，哈利法家族在独立之初，就积极在联合国进行斡旋，取得了国际社会广泛的同情和支持。对于伊拉克问题，巴林主张伊拉克的主权、统一与稳定是实现中东地区域内和平的重要基石，希望联合国在伊拉克问题的解决上发挥更加积极有力的作用，肯定伊拉克政府在民族和解上采取的措施。巴林对造成伊拉克混乱局势的原因有较深刻的认识，将西方大国的干涉归为武装袭击不断发生的根本原因，

巴勒斯坦问题是巴林外交政策界定的阿拉伯与伊斯兰民族事业中最重要的内容。哈马德国王坚定支持巴勒斯坦民族权力机构，呼吁巴以问题得到公正持久的解决。巴林支持巴勒斯坦解放组织（简称"巴解组织"）是巴勒斯坦人民的唯一代表，并且支持巴勒斯坦建国。

在巴以问题上，哈马德支持巴勒斯坦民族权利，主张公正、持久地解决巴以争端：第一，巴解组织是巴勒斯坦人民的唯一代表，支持巴勒斯坦建国；第二，以色列应该撤出包括叙利亚的戈兰高地、黎巴嫩的萨巴农场在内的所有阿拉伯被占领土；第三，倡议国际社会支持阿拉伯人，呼吁阿拉伯国家通过集体智慧与力量，为实现中东地区全面、公正和持久和平而努力；第四，巴勒斯坦领导人应停止内部纷争，解决分歧，组建民族团结政府，获得多数选举支持的哈马斯顺应了民意，应得到各方尊重；第五，支持向巴勒斯坦提供各项援助。

面对当今世界极端主义与恐怖主义泛滥的局面，巴林政府坚决反对任何形式的恐怖主义。巴林支持国家社会的反恐行动，同时对打击恐怖主义的军事行动可能伤及无辜感到忧虑。巴林认为，从源头上消灭恐怖主义是亟待解决的问题。

第二节 对外关系

✤ 一、巴林与美国的关系

美国一直将巴林视为坚定的战略盟友。

共同防御协定让美国与巴林的关系不断升温，两国高层互访不断，巴林曾被美国总统小布什热情洋溢地赞颂为美国"伟大的朋友"。哈马德国王也数次出访美国，就维护两国防务合作以及打击恐怖主义势力与美国领导人进行深入探讨。

2001年10月，王储萨勒曼访问美国，与多名美国政要会晤。在本次访问期间，美国对于巴林在维护域内局势安全发挥的作用给予了高度肯定，将巴林誉为美国在北约之外的重要盟友。巴林方面对国际倡导的反恐活动予以支持和肯定，但认为反恐军事行动应保持克制，不可危及平民的生命安全。双方对巴林与美国盟友关系升级达成了共识。

巴林政府对美国的阿富汗政策表示支持，对伊拉克政策则持中立态度。然而，2003年，巴林国王哈马德访问美国，对美国总统小布什在中东采取的措施与政策表示支持与赞美，并期许美国继续在中东发挥领导作用。2011年，巴林与美国高层互访，强调美国在巴林的局势安全方面所应承担的责任。

在"阿拉伯之春"的持续发酵影响下，2011年2月，抗议示威游行也在巴林发生。为了应对危局，巴林出动坦克进行镇压。美国方面对此感到忧虑，担心什叶派人口占多数的巴林会步伊拉克后尘。奥巴马致电哈马德，表示美国谴责对和平抗议者使用武力的做法。负责调查反政府示威活动的国际独立调查委员会随即成立。2011年11月，该调查委员会宣称巴林军队对和平抗议者过度使用武力，并对收押者滥用刑罚。2012年5月，巴林王储赴美；9日，美国国务卿与之会晤，敦促巴林政府为"全面"落实人权问题的解决做出更多努力；11日，美国国防部部长帕内塔与巴林王储举行会谈，就解决调查委员会提出的问题做出商讨，并就恢复自2011年10月暂停的部分对巴林军售达成共识。

除了密切的战略合作伙伴以外，美国还是巴林的第一大贸易伙伴。巴林与美国于1999年签订了贸易保护协议，这是美国首次与海湾合作委员会成员国签署此类条约。这一协议一经达成，就取得了良好的效果。次年，巴林与美国的贸易额达到了9亿美元。约有830余家美国企业或组织在巴林落户。2010年，美国宣布建立美国-中东自由贸易区，巴林首先与美国展开对话。

2016年8月24日，巴林外交大臣哈立德在吉达会见沙特阿拉伯外交大臣朱拜尔，并共同会见了美国国务卿克里，三方讨论了加强海合会与美国合作关系并交换了对地区局势的看法。25日，哈立德出席在吉达召开的海合会国家与英、美外交部部长对于也门问题对话会。克里提议在也门成立全国联合政府，以结束长达17个月的冲突，并在与沙特阿拉伯外交大臣朱拜尔举行的联合记者会上表示，新方案要求也门成立联合政府与胡塞解除武装同时进行。为促进各方建立互信，胡塞武装可将武器交给第三方。2016年9月12日，巴林外交部发表声明，对美国众议院通过《反恐怖主义支持者正义法案》表示关切和忧虑，认为该法案违背《联合国宪章》和国际法关于主权平等、相互尊重、不得将一国国内法强加于别国等原则，可能破坏国际秩序稳定，希望美国政府不要支持该法案。12月10日，美国国防部部长卡特在第12届麦纳麦对话会开幕式上宣布，美将向叙利亚增派200名士兵，以协助打击"伊斯兰国"。[1]

❦ 二、巴林与英国的关系

巴林与英国的交往较之美国更加深远。英国曾对巴林进行殖民统治，并在第一次世界大战、第二次世界大战期间，将巴林视为英国在中东战略中的重要一环。1971年，英国撤出在巴林驻扎的军队，巴林独立。同时，英国代理大使杰佛里·亚瑟与巴林正式签署相互友好协定，结束了英国对巴林的防御义务，但两国在需要的时候可以协商合作。哈马德国王加冕后，巴英关系迅速回温，双方的政治、经济来往更加深入。21世纪临近之时，哈马德国王首次赴英访问，会见英国女王以及政府高官，并就相关问题进行磋商。2001年，两国正式签署了

---

[1]　中华人民共和国驻巴林王国大使馆网站，参见：http://bh.china-embassy.org/chn/blxw/t1424416.htm.

一项协议，主要内容为加强军事合作。2006年，英国与巴林就强化两国在投资、金融、通信、信息技术、卫生、教育、职业培训、生产加工等领域的进一步合作事宜达成谅解，签订备忘录并建立专门委员会。2007年，为深化两国企业的合作关系，巴林扎亚尼投资集团董事长与阿拉伯英国商会秘书长签订了成立巴林-英国企业家协会的谅解备忘录。该项目的主要内容是推动巴林及其他海合会国家与英国在金融业、银行业、工业等领域的交流合作。

2016年，巴林与英国关系快速回温。9月，多名巴林高官会见英国国际贸易大臣福克斯与英国上议院国际关系委员会主席豪威尔，双方共同回顾了地区和全球经济、安全挑战，强调加强国际合作与协调，制定共同方案以应对面临的威胁和挑战。10月18日，巴林国家智库——战略、国际与能源研究中心（DERASAT）举办研讨会，就美国《反恐怖主义支持者正义法案》进行研讨。会议认为，该法案破坏了沙特阿拉伯重建地区稳定的努力，海湾阿拉伯国家合作委员会（GCC）国家应团结一致加以应对。巴英签署司法合作协议。24日，巴林检察院与英国皇家检察署签署合作协议，加强在情报共享，打击恐怖主义、有组织犯罪和贩卖人口等领域的合作。

2016年11月8日，英国王储查尔斯应巴林国王之邀，对巴林进行为期5天的访问。12月5日晚，英国首相特蕾莎·梅抵达巴林，进行国事访问，并出席6日—7日在巴林举行的GCC峰会。特蕾莎·梅视察了英国皇家海军驻巴基地，指出英巴关系具有战略价值，英国支持海湾合作委员会国家加强合作，将利用一切可能维护地区安全稳定，强调"GCC安全就是英国的安全"。

❧ 三、 巴林与伊朗的关系

基于曾被波斯征服占领的历史，以及巴林本身教派人口比例的特点，巴林与伊朗的关系一直很微妙。1927年，伊朗就英国与巴林的关系向国际联盟申诉，提出伊朗对巴林的统治有历史的延续性。然而，这一要求遭到拒绝，伊朗随后在1930年与1946年继续申诉，并为此事奔走。20世纪70年代初，英国人准备撤出海湾的消息一经传出，伊朗又一次提出对巴林拥有主权。1970年春天，联合国成立专门调查委员会赶赴巴林，探查巴林民众对巴林未来走向的意图，结果表示，多数巴林民众"实际上赞同成立一个拥有主权的独立国家"①。该项报告获批后，伊朗暂时放下了对巴林的主权要求。

1979年伊斯兰革命后，伊朗再度萌生对巴林的主权要求。1979年夏天，霍梅尼将巴林划为伊朗第十四个省，并宣称"除非哈利法家族采用同伊朗相似的政体"，否则将推翻巴林现政权。②然而，同年9—10月，伊朗外交部部长与总理助理等人纷纷出面解释，随后伊朗政要访问巴林等海湾国家，以示友好。1981年，受到伊朗支持的伊斯兰激进势力在巴林制造针对哈利法家族统治的动乱，两国关系因此跌入谷底。2月，巴林外交部部长在海湾国家外长大会上，主张海湾国家团结一致对伊朗采取强硬态度，呼吁停止一切往来。但是，这项建议被其他国家拒绝。随后，巴林逮捕了闹事的主使，使事态得以平息。

两伊战争中，巴林秉承灵活、务实的外交政策，与伊朗关系开始解冻，彰显出海湾国家与伊朗的潜在对抗发生了变化。由于伊拉克方面不能迅速占据优势，巴林的政策表现出了一些特点：第一，宣布中立，开始与伊拉克保持距离；第二，与海湾国家紧密合作，向沙特阿拉伯密切靠拢；第三，鼓励阿拉伯各国在领土防御方面发挥更加积极主动的作用。

1997年哈塔米在伊朗大选中获胜，巴林与伊朗的关系逐步升温。2002年8月，巴林国王对伊朗进行国事访问，两国发表联合声明，谴责美国对伊拉克的军事打击。2003年，哈塔米总统实现对巴林的回访。2005年10月，伊朗外交部部长穆塔基访问巴林，巴林外交大臣与其在麦纳麦会谈后发表联合公报，双方对伊拉克安全局势表示忧虑，强调国际社会应该做出更大努力，以实现伊拉克的安全与和平。

2011年，巴林什叶派民众举行大规模反政府示威游行。3月，海合会成员国派出1 000人的联合部队进入巴林镇压。伊朗对沙特阿拉伯干预巴林内政并镇压什叶派提出谴责。随后，巴林政府指认伊朗"公然干涉"巴林内政、在幕后支持巴林什叶派的反政府示威，宣布召回驻伊朗大使；作为回应，伊朗次日召回驻巴林大使。两国外交关系事

---

① Muhammad T.Sadik，William P.Snavely，*Bahrain，Qatar，and the United Arab Emirates*，Lexington，Mass：D.C.Heath，1972，pp.132.

② R.K.Ramazani，*Revolutionary Iran：Challenge and Response in the Middle East*，Baltimore：Johns Hopkins University Press，1986，pp.49.

实上降级。2012年年初，巴林重新向伊朗派大使，但伊朗拒绝重新派驻巴林大使，缘由是巴林逊尼派政府继续压制什叶派。

2016年1月2日，沙特阿拉伯处决了47名犯有恐怖主义罪行的囚犯，其中包括什叶派穆斯林。此举引起伊朗国内强烈不满，当日晚，伊朗示威者对沙特阿拉伯驻伊朗大使馆进行打砸。1月3日，沙特阿拉伯外交大臣朱拜尔宣布断绝与伊朗外交关系。1月4日，巴林外交部发表声明，指责伊朗"长期干涉巴林及其他阿拉伯国家内政""破坏国际公约致使沙特阿拉伯驻伊朗使领馆遭到破坏"，宣布与伊朗断绝外交关系。9月5日，沙特阿拉伯与伊朗因朝觐问题相互指责，哈梅内伊呼吁伊斯兰世界收回沙特阿拉伯对朝觐的组织管理权。8日，巴林外交大臣哈利德出席在开罗举行的阿盟第一百四十六次外长会时发表声明，谴责伊朗持续发表破坏巴林国家稳定的言论、资助并培训巴林境内恐怖组织、向巴林走私武器弹药并煽动教派分裂，并指责伊朗试图将朝觐问题政治化。13日，巴林人权观察协会（BHRWS）发起的"反对伊朗恐怖政权全球运动"（GCAIRT）称，将于13日—30日在日内瓦第三十三届联合国人权委员会（UNHRC）会议期间举行国际会议，向与会世界各国领导人揭露伊朗政权的恐怖主义行径及对阿拉伯国家的干涉和侵犯。26日，巴林外交大臣哈立德在七十一届联大发言强调，巴林不会与伊朗和解，除非伊朗改变对邻国的敌视政策、停止干涉巴林内政。11月13日，巴林等13个阿拉伯国家联合致信联合国大会，谴责伊朗推行扩张政策，导致地区局势紧张；12月8日，第三十七届海合会峰会闭幕，在闭幕会上发表联合声明，重申反对并谴责一切形式的恐怖主义，谴责伊朗干涉海湾地区国家内政。

❧ 四、巴林与伊拉克的关系

20世纪六七十年代，巴林与伊拉克的关系陷入低潮。处于美苏冷战的大背景是两国关系紧张的主要原因。1972年伊拉克与苏联签署友好贸易协定，巴林予以坚决反对。伊拉克则指责巴林允许美国军队建立基地，默许伊朗在海湾扩大影响。除此之外，此时的伊拉克热衷于向外传播复兴党的革命思想，招致海湾国家的反感。因此，巴林与其他海湾国家团结一致，抵制伊拉克复兴党的民族主义革命输出。

当伊拉克停止对外输出革命，特别是伊朗伊斯兰革命爆发后，巴林与伊拉克的关系开始缓和。海湾战争期间，巴林反对伊拉克入侵科威特。伊拉克战争爆发之前，巴林政府虽然对美国的中东政策不置一词，但是反对对伊拉克的军事打击。[1]伊拉克战争后，巴林要求国际社会尽快参与伊拉克重建，认为一个统一、稳定、拥有主权的伊拉克是中东地区实现和平的基础。

五、巴林与海湾国家的关系

巴林与海湾国家的关系并不是一成不变的，在其实际交往中，合作与冲突并存。1971年独立后，巴林便与沙特阿拉伯等海湾国家建立军事合作。1974年，外交大臣呼吁成立区域性的国家间联盟。1975年6月，沙特阿拉伯与巴林两国进行联合军演。1979年，巴林与沙特阿拉伯、卡塔尔、科威特等国家签订了共同防御协定。沙特阿拉伯曾派遣两个步兵团至巴林，为巴林不受伊朗海军军演威胁提供保障。除此以外，巴林亲力亲为，居中调解阿曼与伊拉克之间的矛盾。巴方政要多次呼吁海湾国家在各个方面加强合作。1978年苏联入侵阿富汗，中东局势一度风起云涌。面对美国重提征用巴林海军基地，巴林方面呼吁海湾国家不应该将防御的重任交由西方大国，应该由各国协调防御。因此，1978年年底，巴林与科威特的关系开始回暖。1979年6月，巴林国防军参谋长称巴林防御部队是科威特军队的补充力量。

1981年5月，沙特阿拉伯、巴林、卡塔尔、科威特、阿曼、阿拉伯联合酋长国在阿布扎比成立海湾合作委员会（GCC），总部设在沙特阿拉伯首都利雅得。海湾合作委员会发表了《阿布扎比宣言》《科威特宣言》《麦纳麦宣言》《多哈宣言》《马斯喀特宣言》等多个宣言，基本实现了维持并强化成员国之间在一切领域内的协调、合作和一体化以及实现人民之间的联系和科学技术的交流等宗旨。海湾合作委员会就6个成员国以及海湾的政治、经济、军事、安全与外交等重大议题进行磋商，发挥了极其重要的作用。特别是在经济方面，海合会成立海湾共同市场、建立关税联盟并力图促成统一货币。[2]

---

[1]　中国现代国际关系研究所：《阿拉伯新生代政治家》，北京：时事出版社2004年，第260页。

[2]　艾哈迈德·沙里门：《海湾阿拉伯国家之间的经济合作和发展问题研究》，博士学位论文，吉林大学，2011年。

（一）巴林与沙特阿拉伯

巴林与沙特阿拉伯的经济合作自20世纪五六十年代起就较为密切。1958年，巴林开始与沙特阿拉伯共享阿布萨法油田的石油收益。1962年，沙特阿拉伯政府同意每年向巴林提供油田80%的原油，同时每年向巴林提供400万美元的费用。从1965年开始，阿美石油公司在阿布萨法地区的石油收益，由巴林与沙特阿拉伯平分其中的一半。这为巴林经济注入了活力，自1968年起，该油田为巴林生产了每年所需石油的1/3，同时石油收入在巴林的国民生产总值中的比重有所上升，从1960年的27%上涨至1970年的36%。[①]20世纪90年代开始，沙巴两国的石油收益合作再一次发生良性变化。1992年，双方签署一份协议，规定：自次年起，收益分配方法重新安排。中止当时实行的份额制，改为沙特阿拉伯每日向巴林提供10万桶原油。1997年，沙特阿拉伯放弃了对阿布萨法油田的部分权益，将之让渡给巴林。据2003年数据，巴林国内原油日产量为3.8万桶，沙特阿拉伯每日另向巴林提供5万桶。后因沙特阿拉伯不满于巴林与美国的双边贸易协定，沙特阿拉伯单方面终止了之前的协议，并不顾巴林反对扩大了阿布萨法油田的开采量。2012年以后，巴林与沙特阿拉伯的石油合作进一步加深，巴林从沙特阿拉伯的石油进口量从每天23万桶增至35万桶。

由于巴林较为特殊的统治结构与人口比例，因此中东世界逊尼派的领袖——沙特阿拉伯与什叶派的领袖——伊朗之间的关系，会对巴林的外交造成不小的影响。作为海湾合作委员会实际上的"盟主"，沙特阿拉伯一直对巴林的政治、经济、外交有比较强的影响。"阿拉伯之春"蔓延至巴林后，许多什叶派民众公开进行抗议示威游行，高举"哈利法家族下台"与"政治改革"的大旗。由于地缘位置临近，且两国之间还有一座跨海大桥相连，沙特阿拉伯政府极其担心巴林的局势如果持续发酵会波及沙特阿拉伯本土。因此，沙特阿拉伯政府在这一事件中力挺巴林王室与政府，公开表示全力支持。

巴林在许多国际事务上紧随沙特阿拉伯的步伐，是沙特阿拉伯坚定的支持者。2016年9月5日，沙特阿拉伯与伊朗因为圣地的朝觐互

---

① Muhammad T.Sadik，William P.Snavely，*Bahrain，Qatar，and the United Arab Emirates*，Lexington，Mass：D.C.Heath，1972，pp.128-129.

相指责。6 日，巴林首相哈利法在会见王室成员、政府官员和民众代表时表示，坚定支持沙特阿拉伯为维护朝觐安全采取的措施，强调圣城和圣迹理应由沙特国王守护，这一地位无可撼动。2016 年 10 月 28 日，巴林外交部发表声明，强烈谴责胡塞武装向沙特阿拉伯麦加地区发射远程弹道导弹，呼吁全球穆斯林一致反对，重申巴林支持沙特阿拉伯打击恐怖主义。

（二）巴林与海湾合作委员会各成员国

巴林与海湾合作委员会各成员国在各个领域进行全方位合作。2016 年 12 月 6 日—7 日，第三十七届海湾合作委员会峰会在巴林开幕。会议主要讨论加强海湾合作委员会各国在政治、国防、安全、经济和社会等各领域合作，以及地区热点问题、打击恐怖主义、海合会与世界各国关系等议题，将采取更多一体化措施，巩固和扩大海合会发展成果。闭幕会上，成员国发表联合声明，强调推进海湾合作委员会共同市场建设，最终实现经济一体化；加强军事协调，推进共同防务合作以应对多重挑战与威胁，重申反对并谴责一切形式的恐怖主义，谴责伊朗干涉海湾地区国家内政；谴责美国通过的《针对恐怖主义支持者的正义法案》，呼吁华盛顿重新考虑该立法；高度评价海合会领导人与英国首相会晤成果；期待近期重启的中海自贸谈判取得成果，并就巴勒斯坦、叙利亚、也门、伊拉克、利比亚等地区热点问题重申立场。

2016 年 12 月 16 日，海湾合作委员会首脑会议在巴林首都麦纳麦举行，会议议程涉及成员国之间的合作、反恐以及也门、叙利亚局势等问题。参加会议的首脑包括巴林国王哈马德、阿拉伯联合酋长国副总统穆罕默德、卡塔尔埃米尔塔米姆与科威特埃米尔萨巴赫。[①]

（三）巴林与阿拉伯国家联盟

阿拉伯国家联盟（阿盟）也是巴林依靠与海湾地区和其他阿拉伯国家加强联系的组织。2016 年 8 月 9 日，巴林国王哈马德、首相哈利法分别会见阿盟新任秘书长盖特。哈马德重申巴林支持一切旨在加强阿拉伯国家团结的倡议和行动，支持阿盟维护地区安全与稳定的努

---

① 参见：http://news.xinhuanet.com/photo/2016-12/07/c_1120071152_4.htm.

力，强调当前快速发展的地区局势更需要各国团结应对挑战。哈利法呼吁，建立一套阿拉伯国家联合行动体系，以增强共同打击恐怖主义和反对外来干涉的能力。29 日，巴林外交大臣哈利德与阿盟秘书长盖特举行会谈。哈利德指出，阿盟在巩固阿拉伯国家团结，维护阿拉伯国家主权和领土完整中发挥关键作用。盖特表示，阿盟支持巴方为抵御外部威胁所做努力，并表示由巴林、沙特阿拉伯、阿拉伯联合酋长国、埃及四国专家组成的工作组正在研究制定阿盟应对伊朗威胁的战略和机制。双方还就利比亚、叙利亚、也门局势以及与美俄的关系进行了磋商。9 月 8 日，哈利德出席在开罗举行的阿盟第一百四十六次外长会，指出，阿拉伯国家必须制定综合战略并采取联合行动，解决本地区所面临的日趋严峻挑战，实现地区安全稳定和人民福祉。[①]

巴林积极推动成立海湾联盟。2016 年 11 月 12 日—13 日，经巴林国王哈马德提议，巴林逊尼派政治团体——国家团结大会主办第二届海湾联盟会议。会议主题为"海湾联盟：未来与命运"，聚焦加强海湾国家团结，共同应对地区挑战。首相哈利法呼吁，在当前政治变局席卷全球之际，成立海湾联盟将是保护海湾合作委员会国家共同利益的重要出路。27 日，巴林两院事务大臣加尼姆在接受英国媒体采访时表示，尽管阿曼对建立海湾联盟的保留态度应被尊重，但海湾联盟建设不能停滞不前，海湾合作委员会应秉持"志愿者联盟"的原则，最终成立的海湾联盟可以没有阿曼。成立海湾联盟，将是比成立海合会更为重大的历史事件。[②]

（四）巴林与卡塔尔

巴林与卡塔尔的领土争端由来已久。18 世纪，卡塔尔的显贵家族如萨尼家族、努埃姆家族等均臣服于巴林的哈利法家族，然而统治过程中的矛盾与冲突时有发生。在奥斯曼帝国与英国的干预下，萨尼家族得以脱离哈利法家族的统治，巴林与卡塔尔之间的一系列协议应运而生。但是无论是签署的协议还是大国的干预，都没有对双方的边界

---

① 中华人民共和国驻巴林王国大使馆网站，参见：http://bh.china-embassy. org/chn/blxw/t1396967.htm.

② 中华人民共和国驻巴林王国大使馆网站，参见：http://bh.china-embassy. org/chn/blxw/t1419318.htm.

进行明确的划分，矛盾随之而来。巴林与卡塔尔之间领土争端集中于祖巴拉地区、海瓦尔群岛、两国之间的小岛与礁石的归属问题以及两国低潮地在划界时所起的作用。[①]其中，海瓦尔群岛的归属是争端的焦点，而该岛上发现的石油资源是两国争执的根源。

1938年5月，巴林和卡塔尔首次就海瓦尔群岛的归属问题产生纠纷。卡塔尔认为在划分海洋领域上，应该采用"大陆对大陆原则"来构筑中间线，只将巴林主岛的海岸线和卡塔尔的海岸线作为划分领海的基线。海瓦尔群岛距离卡塔尔海岸线仅2海里，而巴林距该岛有18海里，因此卡塔尔认定对海瓦尔群岛保有主权。然而，巴林方面认为，巴林是一个多岛国家，低潮线才决定着领海的宽度和重叠领水的分界。1947年12月23日，英国曾颁行《1947年海床协议》，试图解决纠纷。当时的解决方案为：巴林放弃对该岛资源的拥有权，卡塔尔放弃对该岛的主权要求。

1967年，卡塔尔方面提出以祖巴拉地区归属换海瓦尔群岛的归属，遭到巴林方面的拒绝，双方再次僵持不下。1980年，巴林单方面宣称对海瓦尔群岛享有主权，随后将该岛的石油资源开发权益授予美国公司，引起卡塔尔方面的强烈抵制。1982年，巴林一艘名为"海瓦尔群岛"的战舰举行下水典礼，两国纠纷升级。随后在沙特阿拉伯的居中调停之下，矛盾暂时搁置。

1986年，卡塔尔因不满巴林在迪贝尔岛上营建"海岸中心"，出兵占领该岛。海合会国家积极进行调解，双方同意撤出争议区。1991年7月8日，卡塔尔将两国领土争端提交至国际法庭，然而，截至1994年，未能达成有效判决。1995年，卡塔尔再次将争端提交国际法庭。2001年，海牙国际法庭做出以下判决：祖巴拉地区归属卡塔尔，海瓦尔群岛归属巴林，吉塔特杰拉达岛与沙特-迪贝尔珊瑚礁在海洋划界时不具有法律效力，贾南岛归属卡塔尔。两国对这一判决结果均表示服从，并在3月17日宣布全国放假庆祝争端的解决。

领土纠纷的结束带来了两国关系的顺利发展。2002年，卡塔尔和巴林两国达成谅解并签署备忘录，内容涉及修建堤道以及卡塔尔于2002—2008年向巴林供应天然气。巴林与卡塔尔两国商务部于2007年

---

① 赵康圣：《巴林卡塔尔海域划界案的国际法探析》，《山西师大学报》（社会科学版）2014年第52期，第85~87页。

1月签署协议，规定两国共同出资3 000万巴林第纳尔建立投资公司，并磋商合资建立巴林-卡塔尔银行。

2006年，《中东报》消息称，巴林与卡塔尔计划建立一座联结两国的跨海大桥；2010年，该项目正式启动。这项工程耗资40多亿美元，桥梁长度达40千米，东起卡塔尔的阿西里吉之角，西至巴林中北部的阿斯卡尔，并通过巴林境内公路连接通往沙特阿拉伯著名的法赫德跨海大桥。建立这座大桥的目的是进一步方便两国的人员交往与物流运输，推动两国油气管道的贯通，推动海合会成员国之间经济、政治与文化的交往，堪称世界最长的跨海大桥，是促进海湾合作委员会一体化的重要环节。

2017年6月5日，沙特阿拉伯、巴林、阿拉伯联合酋长国、埃及、也门、利比亚、马尔代夫与毛里求斯分别与卡塔尔断绝外交关系。这一事件的起因是卡塔尔网站援引一段据称是来自埃米尔的讲话，该讲话中对伊朗有积极正面的评价，并对沙特阿拉伯和美国颇有微词。8日，巴林内政部表示，任何在社交媒体中流露出支持卡塔尔政府的行为都将受到刑事处罚。9日，巴林与沙特阿拉伯、阿拉伯联合酋长国、埃及联合发布与卡塔尔有牵连的涉恐名单。

✿ 六、麦纳麦对话

麦纳麦对话是由巴林外交部与英国国家战略研究学院联合主办，会址设在巴林首都麦纳麦的年度峰会[①]，主要讨论中东热点问题，是巴林迈向世界的重要平台。来自不同地区的军政要员都会参加麦纳麦对话，使得峰会越来越具有影响力。

2016年12月9日—11日，第十二届麦纳麦对话峰会在麦纳麦召开。巴林外交大臣指出，巴林王国强烈渴望继续主办麦纳麦对话。峰会可以反映出巴林的对外政策，即：第一，以相互尊重，共享利益并支持一切地区或国际层面的积极行动；第二，与不同国家发展双边或多边关系；第三，与所有巩固和平与安全的行动相协调，这是促进所有地区所有民族经济社会发展的先决条件。

2016年12月10日，巴林外交大臣哈利德与英国外交和联邦事务

---

① 2011年未举办。

部中东与北非部长托比亚斯·埃尔伍德代表各自政府签署了一份文件，涉及海军支持设备的运作以及两国源远流长交往关系的框架。哈利德表示，这份文件的签署表明促进并发展两国合作的目标达成。他认为这是两国关系及互利共赢新机遇的重要一步。哈利德说，由于发展两国关系对于地区安全和平有十分有利的影响，因此两国的领导人极力渴望建立合作。埃尔伍德也高度赞扬了英国积极发展各层面双边关系以及寻求两国合作的热忱。同日，哈利德在峰会上发表讲话。他指出，解决中东地区问题的正确途径必须通过主要的阿拉伯国家或组织，如沙特阿拉伯、海湾合作委员会、约旦与埃及。另外，任何一个有活力且诚心诚意与上述国家合作的，致力于传递和平与安全的国家都可以促进中东问题的解决。10日—11日，巴林外交大臣与副外交大臣分别会晤了埃及、北约、日本、土耳其、巴基斯坦与德国领导人。

七、巴林与中国的关系

（一）建交前中国与巴林的交往

尽管在20世纪以前中国与巴林鲜有双边联系，中国与巴林等海湾国家的经济、文化交往却源远流长。丝绸之路将两个国家与地区联系在一起，巴林沿海的考古遗址就出土过不少来自中国的人工制品。然而，近现代以来，由于帝国主义的殖民统治，冷战期间诡谲的国际环境，尤其是中苏微妙敏感的关系以及英国对海湾域内秩序的话语权的掌控，使得中国与巴林的关系一路走来颇为坎坷。

巴林独立以前，中国政府曾多次谴责英国在巴林的殖民行动。然而，由于意识形态的差异以及对海湾左翼力量被占领的阿拉伯海湾解放阵线（PFLOAG）的忌惮，海湾国家在当时对中国持观望迟疑态度，迟迟不愿发展双边关系。然而，中国与巴林的贸易关系在20世纪50年代末就开始发展。20世纪50年代，巴林进口中国商品贸易额为26万美元。20世纪60年代，巴林进口中国商品价值1 800万美元。但是五六十年代，巴林未向中国出口产品。1974年，巴林开始有商品销往中国。整个20世纪70年代的两国贸易额达到2.92亿美元，其中巴林出口中国商品贸易额占其总额的14%。

1971年巴林独立，中国率先抛出橄榄枝。当年8月23日，中华人民共和国国务院总理周恩来派出特使，与巴林开国埃米尔伊萨·本·萨勒曼·哈利法（伊萨埃米尔）会晤，对巴林王国独立送去最衷心的祝贺。次日，巴林埃米尔表示对中国政府的感谢。但是，在意识形态的左右下，巴林紧跟沙特阿拉伯。因此，建交事宜并没有即时达成。

虽然如此，但是两国的关系并未止步于此，而是在一系列国际事务中逐步前进。1971年10月25日，阿拉伯代表团对联合国大会第2758号关于中国加入联合国的决议的投票结果为：11票赞成，4票弃权（巴林、约旦、黎巴嫩与卡塔尔），仅有沙特阿拉伯投反对票。然而黎巴嫩很快就为投弃权票而后悔，一个月后迅速与中国建交。巴林投中立票事实上是无奈之举。虽然沙特阿拉伯反对中国加入联合国纯粹因为意识形态，然而由于长期以来对沙特阿拉伯的依附，加上刚刚从英国人手中取得独立权，外交政策还不甚健全，因此巴林不得不如此行事。从1971年开始，阿拉伯国家感受到中国对海湾地区政策的转变。因此，为了维持区域的平衡，阿拉伯国家开始接受中国在海湾地区的影响。阿拉伯国家看到的转机有两点：首先，他们认为中国在海湾的影响可以遏制苏联在南也门的存在；其次，中国加入联合国同样意味着其可以在阿以冲突问题上施加有利于阿方的影响。[①]

中国也认识到海湾地区在原油市场与国际能源安全上的战略地位。因此，中国决定加强与科威特的传统友谊，将影响扩大至巴林、卡塔尔、阿拉伯联合酋长国，并在1983年最终与阿曼建立能源伙伴关系。由于美国与西方在1973年战争中对以色列无条件的支持，沙特阿拉伯发起了石油禁令，中国予以支持。苏联入侵阿富汗、伊朗伊斯兰革命以及两伊战争中中国的态度，都促进了中国与海湾国家关系的升温。

1988年，中国与巴林的关系由量变达成质变。当年，应巴林外交部的邀请，中国外交部亚非司司长访问巴林，受到了伊萨埃米尔的热情接见。双方都积极表达了发展更进一步关系的愿望，伊萨埃米尔对中国支持阿拉伯事业表示赞赏与感激。在本次访问期间，中国外交部亚非司司长还会见了巴林首相哈利法·伊本·萨勒曼与外交大臣穆罕默德·本·穆巴拉克。

---

① Muhamad S. Olimat, *China and the Middle East：Since World War* II——*A Bilateral Approach*，Lanham，Lexington Books，2014，pp.35.

同时期，中国与巴林的经济与贸易往来也有长足发展。1984年10月，在巴林工商部的组织动员下，多名巴林商人访问中国，并得到了中国国际信托投资公司副总裁的亲切接见。双方在访问的过程中增进了了解，并为日后的合作提供了可能。巴林代表团团长阿卜杜·拉苏勒·吉什说："我们迫切希望两国进行经济、贸易和文化合作……我们希望通过金融商业的交往，开拓新的合作领域。"[1]1988年11月，巴林首都麦纳麦承办了中国商品展销会。巴林信息大臣阿卜杜·穆阿亚德表示，巴林承办此次中国商品展销会意在表达对中国的尊重，同时愿意通过两国贸易合作实现双赢。他进一步表达了巴林与中国进行文化交流的愿望，希望通过文化领域的接触促进两国关系的深入发展。受到全球油价下跌影响，20世纪80年代，中国与巴林两国的贸易额较之前十年有所回落，约为1.98亿美元。

（二）中国与巴林建交

自20世纪80年代开始，中国与巴林的关系进入了新的历史阶段，两国在经济、文化、社会等领域有深层次的密切往来。在这些因素带动下，20世纪80年代中期，巴林对中国的外交政策更加亲善友好，直接奠定了两国1989年建立正式外交关系的基调。此时巴林对中国外交政策的变化主要基于以下考量：首先，巴林看到中国作为联合国安理会常任理事国的影响力，认为中国能在国际事务中发挥有利于巴林与阿拉伯国家的作用；其次，巴林同中国台湾的交往仅限于经济等层面，没有超越政治，因此中国台湾问题并没有限制巴林同中国建交。

1989年4月17日，中国驻科威特大使管子怀与巴林外交部政治司司长阿里·马哈鲁斯分别代表本国政府签署了建交联合公报，宣告1989年4月18日中国与巴林正式建立外交关系。两国达成谅解备忘录，申明两国建立外交关系的基础是和平共处、平等、互不干涉内政、相互尊重国家主权和领土完整的原则，以此强化双方的友好往来与合作。时任中国外交部部长钱其琛致信巴林外交大臣穆罕默德·伊本·穆巴拉克·哈利法，指出，中国和巴林建交完全符合两国人民的根本利益，希望两国人民能够友好合作，共创辉煌。同年，巴林第一

---

①   Mohamed Bin Huwaidin, *China's Relations with Arabia and the Gulf 1949–1999*, London：Routledge Curzon，2001，pp.257.

任驻华大使侯赛尼·拉希德·萨巴赫向中华人民共和国主席递交了国书。1989 年 12 月 11 日，中国驻科威特全权大使管子怀向巴林埃米尔递交了国书。

自 1989 年建交以来，中国与巴林无论是政治，还是经济、社会、文化等方面的合作交往都有喜人的进展。中巴两国在许多重要的国际与地区事务上立场能够互惠互利，这是两国政治往来顺利发展的重要基石。1990 年 8 月 2 日，伊拉克入侵科威特。中国态度明确，呼吁伊拉克从科威特撤兵，并且反复重申主权与领土完整的原则。中国的态度基于以下两点考量：第一，中国与科威特的关系持续时间较其他阿拉伯国家时间更长、更深远，科威特是中国与巴林、卡塔尔、沙特阿拉伯进行贸易的必经之地；第二，1990 年 7 月 21 日，中国刚刚与沙特阿拉伯建交，中国必须慎重考虑，力图平衡好与伊拉克以及与沙特阿拉伯的关系。20 世纪 90 年代，伊拉克面临着严厉的经济制裁。由于制裁影响了中国与伊拉克的经济合作，中国反对对伊拉克的制裁。在这个问题上，巴林与中国有类似的态度，主张放松针对平民的经济制裁。在美国入侵伊拉克问题上，巴林与中国都支持解除"所谓的"伊拉克拥有的核武器。2003 年，作为联合国安理会常任理事国，中国对第 1441 号决议（解除伊拉克武装）投赞成票。2011 年，"阿拉伯之春"蔓延至巴林后，中国明确表明立场：支持巴林的稳定与领土完整，反对任何形式的针对巴林的军事干预。[①]

（三）建交后的中巴关系

1989 年 7 月，巴林外交大臣穆罕默德·伊本·穆巴拉克·哈利法率团访华。作为中巴建交后首位访问中国的巴林政要，穆罕默德此次来访有着划时代的意义。中国外交部部长钱其琛与穆罕默德进行了亲切友好的交谈，讨论的议题围绕双方扩大政治、经济联系的渠道和途径展开。除此之外，钱其琛部长与穆罕默德还就地区与国际领域的问题交换了意见，并且签订了经济、贸易和技术合作等领域的协议，旨在促进中巴两国在建筑、化工、石化、轻工业、公共卫生、农业和渔业等方面的合作，具体以合同项目、劳工服务、技术交换、合资

[①] Muhamad S. Olimat，*China and the Middle East：Since World War* II ——*A Bilateral Approach*，Lanham，Lexington Books，2014，pp.36-38.

企业、人员培训和贸易展览等形式展开。但是，总体来说，20 世纪 90 年代中巴两国的贸易额受国际石油贸易环境影响，仍处于下跌趋势。1990—1996 年，中国向巴林出口产品总额为 11 400 万美元，主要包括丝织品、化工产品和食品。同时段巴林向中国出口商品总额为 6 100 万美元，以铝制品为主。1990 年 7 月，中国与巴林两国建立了经贸技术委员会。该委员会会议于 1993 年、1996 年和 2002 年召开。在经贸技术委员会的主导下，中巴两国签订了一系列双边协定：1990 年，两国签订政府间经济、贸易、技术合作协定；1991 年，签订文化合作协定；1994 年，签订卫生合作执行计划；1995 年，签订互相给予最惠国待遇换文；1998 年，签订民用航空运输协定；1999 年，签订鼓励和互相保护投资协定与互免空运企业国际运输收入税协定；2002 年，签订劳工与职业培训合作协定、对所得避免双重征税和偷漏税协定以及关于在巴林设立中国投资与经济服务中心的谅解备忘录。

　　建交以来，中巴两国领导人多次互访，为两国交往创造积极有利的环境。1990 年，中华人民共和国国务委员兼外交部部长访问巴林。1993 年 5 月，外交部副部长访问巴林，得到巴林埃米尔与首相的接见，双方就两国在贸易、技术和文化领域合作等问题进行了磋商。同年 7 月，作为对巴林进行国事访问的中国领导人，中华人民共和国国务院副总理在巴林分别会见了巴林商业与农业大臣、巴林埃米尔与首相。1994 年 9 月，巴林协商委员会主席率团访问中国，得到全国政协主席的接见。双方就促进政治、经济、金融与其他领域的交往合作进行了亲切友好的磋商。1997 年 5 月，巴林水电大臣朱马访华。同年 10 月，中国电力工业部副部长访问巴林。同年 11 月，中国外交部副部长赴巴林进行国事访问。1998 年 2 月，巴林交通大臣阿里访华。同年 4 月，中国陆军副总参谋长率领军事代表团赴巴林访问。4 月，巴林水电部次大臣访问中国。

　　2002 年，中华人民共和国国务委员访问巴林；巴林第一夫人赛碧凯访问中国。同年 5 月，在中华人民共和国国务院总理的邀请下，巴林王国首相访问中国。此次访问进一步增进了中巴两国的相互了解，为在各领域开展更深入更广泛的合作往来奠定了坚实的基础。2004 年，中阿合作论坛成立。同年，巴林王国副首相兼外交大臣赴中国进行访问。2005 年，中华人民共和国全国妇联主席访问巴林。

2006年，巴林发生游船沉没事件，胡锦涛向巴林王国国王哈马德致电，表示慰问。同年5月，中国外交部部长访问巴林。同年，中国-阿拉伯国家合作论坛第二届部长级会议在华召开，巴林外交大臣出席本次会议。2008年5月13日，巴林王国王储兼国防部队总司令、巴林外交大臣分别致电并对我国国内发生严重地震灾害表示慰问。①

2008年5月19日，中国外交部部长助理率团出席中阿合作论坛第五次高官会。5月20日—22日，中阿合作论坛第三届部长级会议在巴林召开，中国外交部部长出席本次会议，并对巴林进行了国事访问。22个阿拉伯国家外交部部长或代表以及阿盟秘书长均率团出席此次部长级会议。中巴签署《会议公报》《2008—2010年行动执行计划》等文件。5月21日，中巴双方表示愿意在相互尊重、平等互利基础上，继续增进两国政治互信，深化经贸合作，促进人文交流，将中巴友好关系提升到新水平。

2008年，巴林首相出席南京第四届世界城市论坛。2009年4月18日，中巴建交20周年之际，两国领导人互致贺电。同年，巴林国防国务大臣与巴林国家安全局局长分别赴华进行政治访问。2010年5月，第二届中国-阿拉伯国家新闻合作论坛在麦纳麦举行，中国国务院新闻办公室主任率团与会。同年，巴林文化大臣来华出席中阿文化论坛、上海世博会开幕式，外交国务大臣来华出席中阿合作论坛第六届部长级会议，工商会主席访华并出席第一百零八届广交会②。

2011年5月18日，我国驻巴林王国大使应邀与巴林国王哈马德·本·伊萨·哈利法会晤，两人就进一步推进中巴两国友好合作关系进行亲切交谈。哈马德高度赞扬中巴友谊，希望两国友好合作往来持续发展，强调巴林希望进一步开拓和发展两国在经贸等领域的互利合作，不断提升这一友好关系水平。5月23日，双方再次进行会晤。哈利德积极评价两国友好关系稳步发展，高度赞扬中国的建设成就和外交政策，希望不断加强两国交流互访，将这一关系提高到一个新水

---

① 中华人民共和国驻巴林王国大使馆网站，参见：http://bh.china-embassy.org/chn/zbgx/t452852.htm.

② 中华人民共和国驻巴林王国大使馆网站，参见：http://bh.china-embassy.org/chn/zbgx/t377026.htm.

平[①]。2011年6月，巴林财政大臣默罕默德访华。2012年11月，宁夏回族自治区党委副书记出访巴林；12月，中国中东问题特使前往巴林出席第八届"麦纳麦对话"峰会。

2013年9月，巴林国王哈马德访问中国，国家主席习近平重申了对巴林安全的承诺。习主席指出，中国尊重巴林的独立，主权与领土完整，支持巴林为保卫国家稳定与和平所做出的努力。中国还支持巴林进行的全国对话以及政府在全国范围内建立和平秩序的努力。两国还对领土完整，打击恐怖组织等事宜达成一致。巴林需要中国支持其打击本土与境外恐怖势力，尤其是黎巴嫩真主党支持的极端势力。[②]

2015年6月29日，中华人民共和国驻巴林王国特命全权大使向巴林国王哈马德递交国书。哈马德国王表示，两国人民素有好感，建交26年来成就斐然。2013年9月成功访华，中国领导人的远见卓识，中国人民的勤劳智慧，中国社会的高效有序都给他留下了深刻印象。现在，两国各部门各领域交往愈加广泛而深入，合作成果愈加丰硕而众多。巴林政府和他本人愿与中方一道，共同推动两国各领域友好合作不断发展。[③]7月5日，巴林首相会见中华人民共和国驻巴林王国特命全权大使，对大使前来履新表示热烈欢迎，承诺其本人和巴林政府各部门愿意鼎力支持大使与大使馆的各项工作。哈利法首相表示，中巴建交26年来，两国政治互信逐步加深，各领域合作不断拓展，在国际和地区事务中的沟通与协调日益密切。巴方高度赞赏中方坚定支持阿拉伯人民的正义事业，坚定支持巴林为维护国家安全稳定所做的努力。实践表明，中方是巴林值得信赖的好朋友。[④]

2016年1月13日，中国政府发布首份《中国对阿拉伯国家政策文件》，包括"深化全面合作、共同发展的中阿战略合作关系""中国对

---

① 中华人民共和国驻巴林王国大使馆网站，参见：http://bh.china-embassy.org/chn/zbgx/t824781.htm.

② Muhamad S. Olimat, *China and the Middle East：Since World War* II——*A Bilateral Approach*，Lanham，Lexington Books，2014，pp. 38.

③ 中华人民共和国驻巴林王国大使馆网站，参见：http://bh.china-embassy.org/chn/zbgx/t1277026.htm.

④ 中华人民共和国驻巴林王国大使馆网站，参见：http://bh.china-embassy.org/chn/zbgx/t1278607.htm.

阿拉伯国家政策""全面加强中阿合作""中阿合作论坛及其后续行动""中国与阿拉伯区域组织关系"等五个部分。进一步阐明了中国对阿拉伯国家的外交政策，即：第一，坚持在互相尊重主权和领土完整、互不侵犯、互不干涉内政、平等互利、和平共处的五项原则基础上，发展同阿拉伯国家关系；第二，中方愿本着互利共赢原则开展中阿务实合作，特别是在共建"一带一路"过程中，对接双方发展战略，发挥双方优势和潜能，推进国际产能合作，扩大双方在基础设施建设、贸易投资便利化以及核能、航天卫星、新能源、农业、金融等领域的合作，实现共同进步和发展，让合作成果更多惠及双方人民；第三，中国愿同阿拉伯国家一道，致力于促进世界文明的多样性发展，促进不同文明之间的交流互鉴；第四，中方愿与阿方加强磋商协调，共同维护《联合国宪章》的宗旨和原则，落实联合国2030年可持续发展议程，维护国际公平正义，促进国际秩序朝着更加公正合理的方向发展。该文件为中国与阿拉伯国家进一步加深各领域的友好合作往来指明了方向。

2016年8月31日，巴林外交部发表声明，谴责发生在中国驻吉尔吉斯斯坦大使馆的恐怖袭击事件，希望伤者尽快康复，强调这一犯罪行径违背国际法与人类良知。巴方重申坚定支持中方和吉方团结一致，支持两国为消除一切形式暴力、极端主义和恐怖主义，及维护国家与民众安全所做的努力。[①]

虽然，巴林与中国建交仅仅早于域内的以色列与沙特阿拉伯，但自建交之日起，两国的双边关系在共同利益与支持对方的核心问题上良性发展。中国支持巴林的独立，主权与领土完整；由于几十年来国家独立与主权不断遭到外部力量的挑战，巴林珍惜中国付出的友谊。同时，巴林也支持中国的领土完整，尤其是在台湾、新疆与西藏问题上奉行一个中国政策。中国与巴林也有着良好的贸易关系、文化合作。

2007年12月，巴林《天天报》《海湾消息报》《时间报》副主编和专栏记者一行四人访华。2008年5月28日，由巴林奥委会主办、中国驻巴林王国大使馆协办的巴林奥运贺卡艺术展开幕式暨颁奖仪式在萨勒曼文化中心举行，旨在鼓励巴林青少年积极参加2008年北京奥运

---

① 中华人民共和国驻巴林王国大使馆网站，参见：http://bh.china-embassy.org/chn/blxw/t1394635.htm.

会。中国驻巴林王国大使参加并剪彩。[1]

2010年，中国残疾人艺术团大型歌舞晚会"我的梦"在巴林成功演出。同年，巴林参加上海世博会，以"小而美"的标语展现巴林是一个很小但极其美丽的国家，拥有着悠久的历史与杰出的文明贡献。巴林展馆向游客们展示了古代人在海滨创造的历史与文明，灿烂的人工制品与珍宝。巴林展馆尤其展示了一些考古遗址出土的原产自中国的器物，体现了两国自古以来的关系。巴林展馆占地300平方米，以图片、复制品、电影、交互式屏幕以及展品陈列等形式，让世人了解巴林的历史文化以及现代所取得的成就。游客还可以看到巴林自发现石油至作为域内电子通信、金融与旅游业中心的经济发展史，凸显了中国与巴林的伙伴关系，尤其是中国企业在巴林经济发展中所扮演的关键性角色。在为期六个月的展览中，数以百万计的参观者都对巴林迷人的自然景观与灿烂的历史文化产生了深刻印象。[2]

2011年4月27日，中国驻巴林王国大使应邀出席第19届巴林文化遗产节开幕式，与巴林文化大臣谢赫梅进行了友好交谈。谢赫梅表示，希望商谈重启筹办"中国文化周"活动事项。[3] 2011年5月16日，驻巴林王国大使夫妇应邀会见巴林文化大臣谢赫梅，就两国关系和进一步开展文化交流合作等共同关心的问题进行了深入友好交谈。谢赫梅提出了进一步开展文化交流合作的建议。[4] 2011年5月29日，驻巴林王国大使夫妇应邀参访巴林大学，就中巴两国院校合作交流以及在巴林开设孔子学院的可行性进行了商谈。2012年3月，中阿合作论坛第二届中国艺术节在巴林举行。

在2013年9月访华期间，巴林国王哈马德与国家主席习近平就更广泛领域内的合作进行了磋商，包括文化、教育、双边贸易、能源、

---

① 中华人民共和国驻巴林王国大使馆网站，参见：http://bh.china-embassy.org/chn/zbgx/t460192.htm.

② Muhamad S. Olimat, *China and the Middle East：Since World War* Ⅱ —— *A Bilateral Approach*，Lanham，Lexington Books，2014，pp.43.

③ 中华人民共和国驻巴林王国大使馆网站，参见：http://bh.china-embassy.org/chn/zbgx/t819029.htm.

④ 中华人民共和国驻巴林王国大使馆网站，参见：http://bh.china-embassy.org/chn/zbgx/t822964.htm.

医疗卫生与金融等领域。文化一直是中国对外交往政策中的重要内容。国家主席习近平高度强调人民之间交往的重要性；承诺在巴林建一所孔子学院，促进中国文化、语言在当地的传播，以及商业的发展；组织讲习研讨班，庆祝中国新年，有时会有助于外交关系的发展。2014年9月巴林大学与上海大学合办孔子学院，已累计为当地700多人教授和培训汉语，广受社会各界好评和在校师生欢迎，在当地掀起"中国热""汉语热"，成为巴林民众感知中国传统文化和了解中国经济社会发展成就的重要平台和窗口。

国家主席习近平承诺推动青年交换项目的发展，促进年轻一代交流各自的文化与传统，表示巴林会是中国公民出国旅游的目的地。据估计，2012年，中国有8 000万人选择出国旅游。对巴林来说，这是一个巨大的市场，特别是2013年巴林把自己定位为阿拉伯旅游业之都。因此，为了加大其在中国旅游市场中的份额，巴林需要搞好公共关系，并需要高质量的广告宣传。巴林还急切需要在麦纳麦与中国主要城市之间直飞的航班，并且打算对域内主要航线开放本国的航空工业。国家主席习近平还提议两国各自举办宣传对方文化的文化周。巴林举办中国文化周期间，中国的舞蹈、民间传说、传统以及风俗得到宣传，许多巴林国民以及来自世界各地的人们都前来参观，纷纷表示对中国文化非常着迷。显而易见，这是中国展示"软实力"最有效的方法[1]。

中国与巴林的双边文化合作还体现在中国政府奖学金项目上。这项奖学金由中华人民共和国教育部发起，为数以千计的希望在中国接受高等教育的巴林学子提供全额奖学金。中国国家留学基金为一次向巴林提供5个赴华全额奖学金名额。2013—2014学年度，共有20名巴林学生在中国享受全额奖学金，包括学费、住宿费和每月的津贴。

2016年8月2日，中国驻巴林大使会见巴林文化与文物局局长谢赫梅，双方就进一步加强两国文化交流与人文合作广泛深入交换意见，并签署《中华人民共和国文化部和巴林王国文化与文物局关于在巴林设立中国文化中心的谅解备忘录》。谢赫梅表示，这份谅解备忘录将成为开拓两国文化合作的创举，巴方愿以此为契机，进一步促进双

---

[1] Muhamad S. Olimat, *China and the Middle East: Since World War* II——*A Bilateral Approach*, Lanham, Lexington Books, 2014, pp.42.

方文化交流与人文合作，希望中国文化中心尽早建成。她对出席首届丝绸之路（敦煌）国际文化博览会非常期待，也欢迎更多中国文化团体来巴林访问演出。[①]

2016年10月1日，巴林龙城主办的中巴国际油画艺术交流展开幕式在巴林艺术中心举行，中华人民共和国驻巴林王国大使夫妇、巴林文化与文物局文化与艺术司司长谢赫哈娜、科威特投资银行CEO奥萨马、龙城中巴双方运营管理公司及商户代表、孔子学院师生等应邀出席。此次艺术展主题为"环保、和平与繁荣"，展出了8位中国当代油画艺术家的40多幅佳作。谢赫哈娜提起了9月份巴林文化与文物局局长谢赫梅赴中国甘肃参加首届丝绸之路（敦煌）国际文化博览会的盛况，表示该局愿积极推动两国各层次文化交流与合作。[②]

2016年10月20日，中国苏州芭蕾舞团在巴林国家大剧院演出经典芭蕾舞剧《胡桃夹子》。演出座无虚席，深受巴林社会各界欢迎和好评。

---

① 中华人民共和国驻巴林王国大使馆网站，参见：http://bh.china-embassy.org/chn/zbgx/t1386580.htm.

② 中华人民共和国驻巴林王国大使馆网站，参见：http://bh.china-embassy.org/chn/zbgx/t1403532.htm.

第八章 经济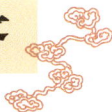

第一节 **概述**

一、多样化的经济发展格局

出产高品质珍珠的珍珠滩和海域是大自然对巴林的馈赠，在石油资源被发现以前，巴林的主导产业一直是采珠业。采珠业养活了大批的采珠工以及其他与这个产业相关的人。在20世纪30年代以前，从事采珠业的人口占巴林总人口的25%。每年的夏秋季节（6—10月）是采集珍珠的旺季，每当这个时候，会有约2 000艘船只在此采集作业。然而，采珠业在20世纪30年代衰败。巴林主导经济产业的衰落是由于国际、国内多种原因：第一，席卷整个世界的经济危机带来一个致命后果，即珠宝等奢侈品市场低迷。第二，日本的人造珍珠物美价廉，对巴林珍珠业造成强烈的冲击。第三，在采珠业衰退的同时，巴林发现了石油资源。石油工业较采珠业安全性高且收入更为稳定，于是包括采珠工在内的许多手工业者都放弃了传统的谋生手段，纷纷投入石油生产中。

即使发现了石油资源，然而由于储量较其他域内国家偏少，巴林的石油生产并不乐观，巴林国内的经济自给能力也就随之偏低。因此，为了重构经济格局，使之更具多元化，巴林政府在独立以后采取了一系列积极有效的措施：

第一，政府改变了工业投资的重心，从单一的石油工业扩展到钢铁、炼铝等行业。巴林铝厂于1968年建成，并在3年后正式投入生产。巴林的重工业飞速发展，在海湾地区独树一帜。

第二，1975年，巴林政府当机立断，将巴林的金融市场向外开放，使得巴林的金融业大放异彩，成为整个海湾的金融中心，也在世界银行体系中占有一席之地，享有"中东的香港""阿拉伯世界的苏黎世"之美誉。在金融行业的推动下，巴林的交通通信、信息技术、酒店娱乐等行业也蓬勃发展，而这些行业又反作用于金融服务业。中东地区第一个卫星地面接收站于1969年在巴林落成，这标志着巴林进入了信息化时代。

第三，工业繁荣会反哺农业，巴林的农业现代化历程见证了这一点。在工业发展的带动下，巴林的现代化农场建设也步入正轨，市场上流通的农副产品种类、数量与质量都有所提升。

第四，巴林逐步加大对公共基础设施的投资力度。哈马德执政以后，继承并改进了其父的经济政策，保持经济多样化态势，但是增加了公共投资数额。据统计，1997—1999年，巴林的公共投资为1.4亿巴林第纳尔，2002年为2.28亿，2003年涨到了2.59亿。数额增加的同时，投资的倾向也发生了变化。哈马德一改20世纪70年代以来投资建立合资或私人重工业的倾向，将大部分资金用于住房、水电与道路交通等基建项目上。

第五，为了进一步保证经济发展的稳定性，巴林政府致力于改善就业形势。2002—2006年，巴林政府将43亿美元的资金投入了公路桥梁、机场港口、建筑、污水处理与水电扩容等项目，其目的在于拓宽就业渠道。

第六，巴林经济的宏观战略是将服务业与多元化工业打造成巴林的支柱产业，其中，将石油冶炼与加工、金融业与造船及修理作为经济的基础。巴林从1960年就开始推动这一战略，已颇具成效。1980—2005年，石油与天然气产业在巴林总产值中所占的比重，从44.45%下降至11.1%，而金融业所占的比重从1.9%上升至27.6%。在巴林建立办事处的海内外金融机构达到360多家，资产总额达到869亿美元。

这些措施伴随着一定具体的目标定位，即巴林政府将发展中小型企业作为实现经济结构与收入多元化的途径，积极为外资创造良好的环境，鼓励商业和服务业的发展，扶植私企发展并且大力发展离岸银行与旅游业。

在这样的积极措施与合理的目标定位下，巴林的经济发展水平在海湾地区名列前茅。联合国相关报告显示，巴林的工业化发展水平位列阿拉伯国家之首。巴林的第一、第二与第三产业在国内生产总值中所占的比重依次为0.4%、39.6%和60%。[①]

二、巴林化的经济发展战略

巴林的一个非常重要的经济发展战略是巴林化，具体含义为要求巴林企业最大限度地雇用本国工人，以达到促进就业的目的。巴林政府采取了一系列政策来保证该战略的实现：

首先，外籍劳工在巴林找到工作的基本前提是获得免费签证。然而巴林劳工与社会事务部禁止外籍劳工获得免费签证，增加签证的费用，以此打压外籍劳工在巴林就业。以前得到签证的外国人，如果签证到期而没有续签，则有可能被驱逐出境。

其次，政府将资金投入职业技能培训，为本土的劳动力保驾护航。1996年，巴林政府组建了雇佣服务局，负责就业相关事宜。2001年，国家对职业技能培训的投资达2 500万巴林第纳尔，用于给本地人创造职位，如园丁、文书、重型车辆驾驶与政府部门的办公室信息管理等。

再次，政府对于预设的目标执行力度很强，有时强制执行。如内阁2003年的一项决议，在2005年年底前，必须100%地实现大型零售市场、家具行、旅行社与车行雇佣本土化。

然而，政府的巴林化战略遭到了商业财团的强烈反对，加之巴林较为成熟的工商业运营环境与机制，巴林化政策事实上没有产生真正作用，劳动市场内的外籍劳工不减反增。从一组关于外籍劳工占巴林劳动力比重的数据就可看出端倪，1990年的这一比重为60%，而2004年上升到64%。私人企业中这一数字更高，2000年为68%，2004年为72%。因此，巴林化政策逐渐被淡化。2012年8月1日，外籍劳工自由流动法规正式生效，"无异议证书"和担保人制度被废除。由此，巴林成了首个允许外籍劳动自由流动的海合会国家。

---

① EIU，*Country Forecast：Bahrain*，2007.

🌸 三、经济体系中的私有化

在多元化经济格局的推动下，为了健全经济结构，巴林政府渐渐促成政府服务和设施私有化。这样做的原因是政府财政吃紧。尽管巴林在经济多元化道路上走在海湾国家的前列，然而由于税收收入持续偏低，故改变不了国家财政主要来源仍是石油的局面。于是2001年11月28日，政府将部分公共交通线路以及赛马场转为私营。

2004年，巴林政府遭遇巨额财政赤字，其他海湾国家担心巴林财政紧缩引起社会失序，并波及它们自身，于是向巴林提供软贷款[①]。就巴林来说，其吸引外资的条件也是得天独厚的：第一，巴林拥有得天独厚的地缘优势，去沙特阿拉伯或者卡塔尔用时很短，而且巴林的商用、民用租金比周边国家都低。第二，巴林的私有化程度为海湾国家之最，而私有化能够保证经济活力。第三，在金融行业中，巴林人就业率很高，达到79%。第四，巴林有着非常健全的金融体制，保证了企业发展的良好环境，同时，巴林的监管体制也相对完善。第五，巴林的经济体系十分开放，经济自由度指数很高，开办企业不需要代理机构经手，甚至不受任何限制。

巴林政府还成立了一系列机构，采取了一系列措施，保障私有化的落实，同时拓宽就业渠道。经济发展委员会旨在保障经济战略的实现，为外资创造良好的环境。1992年建立的开发银行也对私有化战略产生了积极作用。哈马德执政期间，为了扩大就业、进一步加快私有化进程，取消进口垄断权，并且引导私营公司融资上市。2002年12月，巴林政府将麦纳麦纺织厂的三个分厂卖给美国西点家纺公司。2003年，萨勒曼港与哈利法港转归私营。2005年10月，巴林政府就扩建巴林工业港与海湾建设公司达成一致：政府出地，海湾建设公司出资，落成后港口由该公司使用75年，之后收归国有。2006年1月，英、法、日三国资本收购了哈德发电厂。2009年4月2日，巴林政府向议会提交水电法修正案，开启水电生产及供应私有化进程。2010年2月25日，巴林决定实行国有企业私有化，其中包括海湾航空公司。在此之后，医院与污水处理系统的私有化也拉开帷幕。

---

① 向国际性银行及外国政府借贷，偿还期较长（如30~50年）、利息很低或无息带有援助性质的，一般用于贫困地区救济性项目的一种贷款。

✿ 四、21世纪以来的经济发展概况

巴林的经济条件并不优越，不具备可持续发展的资本：其资源不如卡塔尔丰富，其制造业不如沙特阿拉伯发达，其奢侈品也不如迪拜具有号召力。然而，巴林的经济增长率一直偏高，维持在7%~8%。同时，巴林的通货膨胀率一直较低，十年以来一直在4%~5%。这是因为：

第一，进入21世纪以来，世界原油价格在很长一段时间内呈上涨态势，使得巴林可以凭借石油获取丰厚的利润，而巴林的国内生产总值增长率也随之上涨。

第二，巴林的经济增速控制在合理范围内。由于经济增长率与通货膨胀率呈正相关，经济增速高于10%时就可能导致经济失衡，带来高通货膨胀率。因此巴林并没加大投资，避免人为增加经济增长率，同时使用有效的财政政策和货币政策，以减少通货膨胀率。

第三，巴林的第三产业并不是单一的金融服务业，巴林政府同样十分注重旅游业的发展。巴林的旅游环境相对自由开放，对酒类销售以及娱乐项目没有过多限制。但是，油价飙升、地区局势紧张等因素对旅游业起了反作用。20世纪90年代以来，旅游业在国内生产总值中的比重有所下降。

第四，为了进一步防范高通货膨胀率的发生，巴林通过一系列宏观调控手段稳定物价与汇率。

第五，巴林本来就没有完善的税收体制与税收机构，号称"无税国家"。由于与美国缔结了自由贸易协定，巴林商品出口无须缴纳关税。除此之外，巴林鼓励并吸引本地私人资本与外国资本，注册公司所花手续费仅为200巴林第纳尔（约530美元）。除了要缴纳营业资格证年审费用20巴林第纳尔（约57美元）外，没有任何直接税与间接税。这样的投资环境实属难得。

在过去的几十年间，巴林的经济发展取得了喜人的成就。在油气资源相对有限的前提下，巴林积极发展制造、金融与服务行业，实现了从单一的石油经济向多元化经济的过渡。然而，世界经济论坛发布的报告《巴林王国与世界：2025年设想》显示，伴随着油气资源的消耗及其引起的国家生产总值的减少，巴林保持经济发展势头与实现可

持续发展战略的唯一出路就是深化改革、继续转型，成为具有相当私有化程度与活力并以中产阶级为主导社会群体的知识经济国家。

第二节　农渔牧业

　　由于农业用地面积少、资源不足、资金投入有限、技术不发达，且缺乏大规模种植作物的传统，巴林的农业基础非常薄弱，发展比较缓慢。巴林主要农产品包括水果（以柑橘类水果为主）、蔬菜、椰枣、谷物、饲料作物（特别是紫花苜蓿）、家禽、海产品等。农业产值在总GDP中所占比重十分有限。2004—2008年，巴林的农业产值分别为3 200万美元、3 300万美元、2 900万美元、4 300万美元、8 500万美元，不足各年度GDP的1%。2011—2013年，巴林农业产值只占GDP的约0.4%。[①]据2013年巴林经济数据，巴林全国可耕地面积为1.1万公顷，实际种植面积为4 766公顷。[②]巴林包括粮食在内的农产品主要依赖进口。

　　20世纪60年代以前，巴林的农业人口不到7 000人。由于石油资源锐减，20世纪60年代中期，农业与渔业一度在巴林的经济生活中居于重要地位。大片种植椰枣的土地被转化为菜地，大批工人转化为农民。同时，大量的阿曼劳工涌入巴林，一时间，巴林的农业人口激增。这一时期，巴林农业生产并不稳定，影响因素有：水资源匮乏，地下水位下降；土地盐碱化严重；由于城市化发展，房地产价格暴涨，许多农业用地被出售供房地产开发使用，造成农业用地缩减；受到人工养殖珍珠与鱼类技术冲击，巴林传统捕捞业衰败，造成与捕捞业相关的作物（干椰枣、棕榈根须、棕榈分支等）价格锐减，最终导致从椰枣到蔬菜水果种植领域的结构性变化；农业部门行政效率和行政能力的缺失；开放性的贸易政策使得中东与南亚出产的大量价格低廉的水果涌入巴林，巴林本国水果价格不利于竞争，对水果种植造成

---

①　中华人民共和国驻巴林王国大使馆经济商务参赞处网站，参见：http://bh.mofcom.gov.cn/article/ddgk/201210/20121008378851.shtml.

②　中华人民共和国驻巴林王国大使馆经济商务参赞处网站，参见：http://bh.mofcom.gov.cn/article/ddgk/201307/20130700213266.shtml.

了严重的冲击。

巴林的渔业资源较为丰富。据统计，约有200多种鱼类生活在巴林王国周边的水域里。作为岛国，巴林人民也有捕鱼谋生、吃鱼果腹的历史传统。

几个世纪以来，鱼类一直是巴林人的收入来源和食物来源。1966年，巴林渔业公司在乌姆哈桑地区成立。英国的罗斯财团拥有该公司40%的股份，该公司共有1 200个巴林本地股东。巴林渔业公司设备较为先进，有8艘现代化设备的捕虾船在海湾地区北部进行捕捞，捕捞工多来自阿拉伯联合酋长国与阿曼。巴林渔业公司主要从事海产品加工贸易，主要的业务地区为欧洲、日本和美国。1967—1968年，巴林渔业公司收益达1.45万美元。[1]20世纪70年代，巴林渔业发展主要受到海湾地区水质污染的制约。20世纪80年代，巴林渔业发展有所回升，政府再次开发渔业项目，如：鼓励渔民放弃传统的旧渔船，改用现代化的新渔船，捕鱼方式由传统的诱饵捕鱼改为撒网捕鱼，开放新渔场，政府投放大量鱼苗。

20世纪70年代初期，巴林农渔业发展暂缓。1974—1975年的数据显示，巴林耕地面积为6 000公顷，实际使用面积为3 700公顷。60%的土地被地主短期出租，主要面向外来务工人员。尽管巴林的鱼类消费量巨大，但是农渔业在巴林GDP中所占比值非常有限。2009年，巴林农渔业产值合起来为8 900万美元，仍然不足GDP的1%。

20世纪70年代中期以后，金融业与服务业的发展带动了食品需求量的增长，为巴林农业发展提供了新的动力。此外，机械化农具的引入使得农产品产量相应增加。相关数据显示，1976—1979年，巴林蔬菜种植面积增加12%，西红柿、白菜、椰枣和马铃薯等作物的产量也大幅增加。[2]为了应对市场上大米、蔗糖和面粉等食品价格激增的局面，巴林政府对本国农产品实施补贴政策。

然而，农业用地面积和自然资源等限制决定了巴林本土农业生产无法满足消费市场所需的供给。因此，大规模农产品进口势在必行。

---

[1] Fred H.Lawson，*Bahrain：The Modernization of Autocracy*，Westview Press，London，1989，pp.99

[2] Fred H.Lawson，*Bahrain：The Modernization of Autocracy*，Westview Press，London，1989，pp.108-109.

1975—1977年，巴林农产品进口量翻了一番。1981年数据显示，食用油与海产品进口量大规模增长。

尽管农渔业在巴林GDP中所占比重微乎其微，但是政府对其关注度并未减少。为了保障巴林本土蔬菜、水果的种植以及家禽的饲养，巴林政府要求改进国家的灌溉和排水系统，并向农民提供补贴。1982年，巴林政府向农民提供40%～50%的补助金用于购买种子、肥料和农业机械。低息贷款也是巴林政府旨在促进农庄修建和保障农户支付农业劳动力薪酬的手段。1985年，巴林本地产的水果、蔬菜分别能满足国内需求的12%与28%。同年，为保障牛奶供应，国家每日公司在巴林成立。国际社会为巴林农业发展提供了一定帮助，如联合国帮巴林制订全面的经济发展项目计划，包括建造鱼类孵卵所、改进灌溉设备等。

在巴林进口的农产品中，肉类主要来自印度、巴基斯坦、新西兰等国；禽蛋和奶产品多来自沙特阿拉伯、印度等国；蔬菜主要来自约旦、叙利亚、埃及等国；水果主要来自黎巴嫩、叙利亚、埃及等国以及东南亚；米、面粉主要来自印度、巴基斯坦、泰国等国。

目前，巴林市场上至少有5家肉类进口商，进口量占市场份额为90%。2015年10月1日，巴政府取消肉类直接补贴，改为按本国公民人头提供补贴，分别为家庭主要劳动力每月补贴5巴林第纳尔，其他成年家属每月补贴3.5巴林第纳尔，15岁以下儿童每月补贴2.5巴林第纳尔。

2012年7月29日，巴林内阁批准了农业领域基础设施发展规划，拟投资665万美元，兴建兽医和农业实验室，添置用于检测动植物样本的设备；发展农业和植物检疫，在入境通道兴建动物和农业检疫站；培养专业人才，按照海湾和国际标准招揽有关专家，加强发现动植物疾病和污染的能力，以维护公民健康。其中，巴林与中国签订农业技术合作条约，邀请中国农业技术人员赴巴进行技术指导。

巴林农业产品进口关税税率分为四个挡：免税、5%、100%、125%。免税进口商品为蔬菜、水果、鱼肉类食品；烟草及烟草制品、酒类则分别征收100%和125%的进口关税。

第三节　工业

一、油气工业

1932年巴林第一口油井产出石油，拉开了巴林石油贸易与石油工业发展的序幕。随着石油资源的发现，1933年，美国、英国的石油公司垄断了巴林石油的勘探、开采、提炼、运输及销售权。20世纪40年代，巴林开始从沙特阿拉伯进口石油，当时巴林的石油产业居于世界前列。20世纪五六十年代，巴林的石油产业发展平稳，收益一直比较乐观。1964年数据显示，当时巴林石油产业为国家最主要的收入来源，约占政府年财政收入的75%。[1]

虽然从20世纪70年代开始，巴林的石油产量下降，但是由于1971年独立后，巴林实行石油国有化政策，加上国际油价上涨的推动，巴林的石油收入维持在一定水平范围内。石油产业给巴林带来了巨大的财政收入，政府将这些款项用于基础建设并发展工业。这一时期，巴林政府实施了一系列政策，旨在最大限度地保证石油收益，包括：斥资1.2亿美元，扩大阿瓦利和锡特拉地区的石油生产、提炼和装载量；成立巴林国家石油公司，进行勘探、提炼、储存运输以及本地石油生产市场化的活动。

1980年9月两伊战争爆发后，受战争影响，巴林石油产量由1970年的7.6万桶/日降到1983年的4.2万桶/日。[2]1977年，巴林颁布《免税公司法》，规定外国公司到巴林投资不受当地法令约束。20世纪80年代后，国际油价下跌，石油收入锐减。由于资金短缺，巴林政府被迫将四年计划（1982—1985年）改为六年计划，延期到1987年完成。六年计划的主要目标是实现经济来源多样化，大力发展金融业，实行开放的经济发展战略。

---

[1]　Ali Khalifa al-Kuwari，*Oil Revenues in the Gulf Emirates*，Boulder，Colo：Westview Press，1978，pp.76-90.

[2]　吴寄南：《巴林的经济开发战略》，《阿拉伯世界研究》1985年第2期，第40页。

虽然巴林的石油行业最初走在前列，但是如今，其储量与产量远小于其他海湾国家。2015年，巴林石油储量为1 700万吨，年储采比为6.7。同年，阿拉伯联合酋长国储量为133.97亿吨，储采比为93.4；科威特储量为139.04亿吨，储采比为99.9；阿曼储量为7.27亿吨，储采比为14.8；卡塔尔储量为34.58亿吨，储采比为104.8；沙特阿拉伯储量为365.18亿吨，储采比为72。2014年，巴林石油产量为248.5万吨；2015年，产量为253.5万吨。2015年，阿拉伯联合酋长国石油产量为14 350万吨；科威特为13 920万吨；阿曼为4 905万吨；卡塔尔为3 300万吨；沙特阿拉伯为50 725万吨。

巴林天然气资源也不丰富，在海合会中同样居于末位。2015年，巴林天然气储量为919.8亿立方米。同年，阿拉伯联合酋长国储量为60 872.7亿立方米；科威特储量为17 829亿立方米；阿曼储量为6 876.9亿立方米；卡塔尔储量为245 159.5亿立方米；沙特阿拉伯储量为84 838亿立方米。[①]

因此，为了缓解日渐枯竭的油气资源带来的压力，巴林逐步调整经济结构，将资金投入转向石油化工与制造业当中。为了维持并扩大油气产业带来的收益，巴林采取了一系列举措：

第一，2007年，在巴林政府授权下，巴林石油公司与科威特的独立石油集团、阿拉伯联合酋长国的迪拜国家石油公司独资子公司地平线储油公司及阿拉伯石油输出国组织（OAPEC）的阿拉伯石油投资公司签订了关于巴林石油公司新建储油和出口设施可行性研究的谅解备忘录。经过两个月的研究，相关公司给出了新建设施具有可行性的研究报告。因此，巴林石油公司斥资9 500万美元在锡特拉地区的出口码头新建50万立方米的储油和出口的设施，以进一步实现该公司多元化经营的战略。

第二，通过招标对巴林海域内4个区块进行勘探，首度进行海上石油勘探，每口油井的开采费用为1 000万～1 500万美元。

第三，通过招标对巴林的陆上油田进行开发和再利用，具体方法为增加油井数量和采用当今最先进的开采技术以提高已开发油井的产量。巴林已经与科威特布尔甘钻井公司进行合作。据悉，巴林非常积

---

① 梁刚，萧芦：《2015年世界石油产量及天然气储量表》，《国际石油经济》，2016年第1期。

极地与中石油开展合作，希望利用中石油的油田修复技术，提高石油产量。

第四，巴林分别从卡塔尔和伊朗进口天然气，进口量为100亿~200亿立方米。同时，巴林从俄罗斯进口天然气，并建立液化天然气码头。

第五，利用其相对自由化的社会和经济环境，开放的营商环境，力图吸引外资，以求进一步开发油气资源。

自2015年4月1日起，巴林每年4月1日将国内工业用天然气价格上调25美分，直至2021年达到每百万英热单位4美元为止。[①]

2016年9月26日，第十届中东炼油与石化技术展览在巴林开幕，巴林石油大臣表示，巴林国家石油公司正与沙特阿美石油公司实施一项输油管道更新工程，计划用30英寸直径、115千米长的输油管线取代现有管线，可将日均输油量提升至40万桶，总投资为3.5亿美元。国家油气署计划扩大日输气量至3.5亿立方英尺，并称巴林将通过发行债券等方式为上述项目融资。巴林国家石油公司正在与7~8家国际出口信贷机构谈判，为该公司位于锡特拉的炼油厂产能扩建项目寻求融资。该项目计划投资50亿美元，建设周期为4年，项目建成后预计产能将由26.7万桶/日提升至36万桶/日。[②]

巴林主要有以下油气企业：

（1）巴林石油公司：为巴林政府所有，成立于1976年，负责石油和天然气勘探、生产、炼制与销售。其主要产品有液化气、石脑油、汽油、煤油、航空油、柴油、润滑油、燃料油及沥青等，95%的产品出口至中东、印度、远东、东南亚和非洲。该公司还负责向巴林境内的发电厂及其他企业供应天然气。其下属的炼油厂日加工原油25万桶以上，其中，约1/6的原油来自巴林油田，余下部分经过约54千米的输油管道（海底和陆地输油管道各27千米）从沙特阿拉伯进口。

（2）塔特维尔石油公司：成立于2008年，为陆上油田作业公司。巴林油气控股公司、美国西方石油公司和阿拉伯联合酋长国穆巴达拉

---

① 燕菲：《2015年世界主要国家油气及相关能源政策分析》，《国际石油经济》2016年第24卷第2期，第18页。

② 中华人民共和国驻巴林王国大使馆网站，参见：http://bh.china-embassy.org/chn/blxw/t1417038.htm.

开发公司共同持股，三方签署了勘探开发分成协议。

（3）巴林国家天然气公司：1979 年 12 月投产，主要业务为处理、加工陆上油田伴生气和炼厂尾气，主要产品有液化气、丙烷、丁烷及石脑油。余气满足自用外，还供巴林铝厂和国家电厂使用。巴林政府有 75% 的股权，剩余股份由雪佛龙巴林公司和阿拉伯石油投资公司平分。到 2007 年，该公司巴林籍雇员占 93%。

（4）海湾石化公司：1979 年 12 月成立，主要以油气为原料生产尿素、氨和甲醇。巴林资产控股公司、沙特阿拉伯基础工业公司和科威特石化工业公司以相同份额持股。现有员工 550 人，其中 80% 为巴林籍员工。该公司每年对巴林经济贡献值约为 4 亿巴林第纳尔（约合10.58 亿美元）。2012 年产量合计 150 万吨。[1]

（5）巴林国家天然气拓展公司：2003 年投产，由油气控股公司全资拥有。原为巴林天然气公司扩产项目，后改为独立公司，其生产设施仍由巴林天然气公司负责管理。

（6）巴林润滑油基础油公司：2009 年 6 月成立，2011 年年底投产。油气控股公司和巴林石油公司各占股 27.5%，芬兰奈斯特石油公司占股 45%，总投资 6 亿美元。

（7）巴林航空燃料公司：1985 年成立，负责为巴林国际机场提供加油服务。油气控股公司占股 60%，雪佛龙公司占股 27%，BP 公司占股 13%。

二、铝业

铝业是巴林整个工业系统中除油气行业以外最重要的部门。由于天然气价格低廉、港口设施发达、运输成本低，巴林具有发展铝业的天然有利条件。

1968 年 10 月 1 日，巴林政府、瑞典公司、巴拿马公司和伦敦公司在阿瓦里地利地区联合成立了铝熔炼加工厂。其中，巴林政府持股27.5%，因而铝厂具有较为明显的国有企业特征。铝熔炼加工厂成立之初，巴林政府免除了投资者 20 年的关税和收入税，并要求熔炼厂的

---

[1]　商务部国际贸易经济合作研究院，商务部投资促进事业局，中国驻巴林大使馆经济商务参赞处：《对外投资合作国别（地区）指南·巴林》，2014 年，第 11 页。

产品投放英国市场。1969年，巴林铝厂产量达到5.75万吨，增资后产量达到9万吨[1]；2003年，产量为51.2万吨；2013年，产量为91.27万吨，在世界上位于前列。1999年，巴林铝厂接管了沙特阿拉伯基础工业公司下属的巴林 – 沙特阿拉伯铝业市场公司。巴林花费7亿美元成立了15个电解铝生产线，并花费4亿美元修建煤焦油工厂。2003年年底，世界上最大的铝业生产者——美国铝公司与巴林铝厂签署谅解备忘录，以6亿美元购买巴林铝厂26%的股份。巴林计划修建第六条电解铝生产线，希望将铝年产量提高至200万吨。2012年，巴林铝厂研究六号线计划的3种能源供应方案：一是自建发电站，二是从海合会联合电网采购，三是与油气署合作进口天然气。巴林铝厂是世界第三大现代化冶炼厂之一，巴林政府持有77%的股份，沙特阿拉伯持有20%的股份，剩余股份由德国Breton投资公司持有。

利用英国出口信贷兴办的巴林铝业公司于1971年正式投入生产。其用从澳大利亚进口的铝矾土生产出的铝制品，20%供巴林国内消费，80%销往沙特阿拉伯、阿拉伯联合酋长国和约旦等国。1975年，在巴林财政部授权下，巴林铝业公司集资1 000万美元修建工厂，增加产量。为形成生产序列与规模，巴林在1977年还建立了铝电缆厂、铝粉涂料厂和建筑用铝材轧制厂。同年4月，巴林政府管理的巴林铝厂开始生产铝产品。20世纪80年代，沙特阿拉伯公共投资基金为巴林铝业公司注入20%股份的资金。同期，拥有4万吨生产能力的锡特拉海湾轧铝公司成立。铝业成为巴林仅次于石油工业的第二大支柱产业。

2010年，巴林铝厂上市公开募股。2017年，巴林铝厂产量创下历史纪录，达到98.101 6万吨。

三、电力

巴林主要发电站有四个，分别为：里法电站，发电能力为70.9万千瓦；麦纳麦电站，发电能力为16.7万千瓦；锡特拉电站，发电能力为12.6万千瓦；希得电站，在投产的一期发电能力为28万千瓦，二期发电能力为42万千瓦。除这四个发电站外，巴林政府从巴林炼铝厂购买了27.5万千瓦的电量，法国的能源公司阿尔斯通独立发电厂与巴林

---

[1]　F H Lawson，*Bahrain：The Modernization of Autocracy*，Westview Press，London，1989，pp.100-101.

签署了3亿美元的合同，供应巴林70万千瓦的电量。电力能源的生产和分配由巴林电力部门董事会控制。

2000年以后，巴林政府采取一系列政策促进电力发展，使得巴林电力生产规模以5%的速度逐年增长。2001年开始，哈马德国王削减电力部门的税收，并斥巨资改造旧电厂。2003年，为促进电力部门私有化，巴林政府同意招标投资电力项目。埃扎尔和希得水电站为第一个独立的发电厂。由苏伊士GDF和海湾投资局（GIA）一同建设经营管理的Al Dur独立水电工程于2011年全面运营，是巴林最大的电力工厂和海水淡化厂。2004年，比利时的特拉克提贝勒公司、科威特的海湾投资公司决定在巴林建立埃扎尔电厂。巴林属于海湾国家互联电网体系的成员，电力供应可以依靠海湾其他国家的补给。巴林当局也鼓励独立发电厂的运营，并将一些国有发电资产进行了私有化改革。除此之外，巴林是海湾地区少数几个发布发电行业私有化法规框架的国家之一。2011年，巴林电力行业产值16.2亿美元，占国内生产总值的6.3%。

由于人口的增加、经济的发展，巴林国内对电力的消费需求不断增加，水电行业急需更多的电力资源和新的电网。巴林主要依靠传统的热力发电，以天然气与石油为主要燃料。2010年7月数据显示，巴林当时电力需求量为2 650兆瓦，高峰期的用电量几乎等同于发电总量。据巴林水电部（MEW）预测，到2020年，巴林的用电量将以每年7%的速度增长。

截至2012年，巴林全国有10座33千伏变电站，114座66千伏变电站，21座22千伏变电站。[1]

热力发电给巴林带来了一定的负面影响，使巴林最高气温超过40 ℃。目前，巴林对清洁能源十分关注，并积极开展对外合作，如与中国在太阳能、风能、民用核能发电进行技术合作。

---

[1] 商务部国际贸易经济合作研究院，商务部投资促进事业局，中国驻巴林大使馆经济商务参赞处：《对外投资合作国别（地区）指南·巴林》，2014年，第17页。

商业与旅游服务业

　　巴林的营商环境较为优越。世界银行公布的2017年营商环境报告显示，巴林在全球营商环境评估中列第六十三位（共137个经济体参评），较2016年上升两位，在西亚北非地区列第二位，仅次于阿拉伯联合酋长国。在巴林创业所需启动资金已从人均GDP的190%大幅下降到3%，在巴林获取信贷及从事跨境贸易的便利指数也有提升。巴林营商环境的优越性体现在：第一，无企业税、个人所得税、增值税等［2016年，巴林商工会（BCCI）与海合会商会联盟共同在麦纳麦举办研讨会，海合会计划于2018年年底前统一引入5%增值税］，是低税国家。第二，水电油气等资源价格低廉。第三，有较为完善的商业法律体系。20世纪三四十年代巴林有4 000个商品销售基地。这些基地发挥了巨大的作用，促进了巴林商业阶层迅速崛起。20世纪60年代，一些规模小、较有活力的公司构成巴林商业部门的主体。1962年，巴林萨勒曼港口自由贸易区对外开放，巴林政府加强了对商人的支持力度。1964年，巴林废除萨勒曼港出口货物关税，而代之以统一的低于其他港口的装卸费，使得1962—1966年港口输出货物量增加了15%。2016年9月25日，巴林自贸区一期工程"巴林投资大门"正式开业。一期总投资额为3.12亿美元，占地面积为60万平方米，分为300个用于工业园、大型零售、展示及配套服务项目，已有95%项目铺位售出，创造了7 000个就业岗位；二期工程占地面积为200万平方米，总投资额为10亿美元，将创造2万个就业岗位。

　　巴林的商业法律体系完善[①]，主要包括：

　　商业代表法。1975年巴林第23号法令颁布实施，其管理范围涉及商业代理、海陆空运输和旅行旅游代理、服务代理、保险业代理、出版发行和广告代理等。

　　商业公司法。1975年第28号法令颁布实施，它规定了各类公司的有关管理规定，包括所有权、清算、扣押查封、抵押与管理机构等。

---

　　① 姜英梅，刘伟：《巴林投资市场分析》，《西亚非洲》2008年第8期，第66~70页。

2001年，巴林政府实行新的商业公司法。新的商业公司法允许独资人拥有一个有限责任公司，简化了注册程序，允许企业变更它的法律实体。巴林部级机构有成立股份公司的决定权，无须经国王审批。新商业公司法提高了对有限责任公司和股份公司的资金要求。

劳动法。1976年第23号法令颁布实施，它规定了雇主与雇员的权利、责任与义务，规定了雇员的劳动福利待遇和解除雇佣关系时的经济结算事项，如解除雇佣关系后，雇主要额外付给雇员3个月的工资、负责回家的国内机票、负责支付节假日加班费等。2006年，巴林启动劳务市场改革，并修改劳动法。2012年4月23日，巴林协商会议通过了劳动法修正案，该法案将在哈马德国王签署后正式生效。根据新劳动法，雇员遭遇不公正解雇后，将得到等额年薪的赔偿金。雇主违反劳动法将被罚款200~500巴林第纳尔。私营部门雇员将享受每年30天的假期；15~18岁的非正式合同员工亦可享受30天年假。私营部门女性雇员产假从45天延长至60天。此外，和公共部门一样，私营部门雇员可以额外申请15天无薪产假。雇员每年还可请15天带薪病假、20天半薪病假以及20天无薪病假。如果有医学证明，病假最长可达182天。新劳动法更加重视员工工作场所健康和安全规范要求，如果没有达到标准，雇主将会被判处最长三个月的监禁或者罚款500~1 000巴林第纳尔，或者两者并处。如果再犯，惩罚加倍。新劳动法对私营部门而言将是一个"里程碑"，考虑到新劳动法赋予了雇员更多的权益，同时兼顾了雇主利益，巴林私营部门劳动力市场将焕发出前所未有的活力。

社会保险法。1976年第24号法令颁布实施，它规定了分配、劳保和用人的事项。

破产兼并法。1987年第87号法令颁布实施，它为处理商业业务交割提供了法律保障和依据。

保险公司法。1987年第17号法令颁布实施，它规定了保险公司和保险机构的经营与管理依据。

2016年9月1日，巴林设立商业与投资纠纷法庭，以快速解决商业合同、金融、房地产、专利、商标等领域的纠纷，提升巴林商业环境竞争力。[1]

---

[1] 中华人民共和国驻巴林王国大使馆网站，参见：http://bh.china-embassy. org/chn/blxw/t1391546.htm.

　　巴林旅游资源丰富，旅游业发达，是中东地区的旅游大国。悠久的文明历史、迷人的海岛风情、精致可口的美食，吸引了来自五洲四海的旅客前来观光。1986年修成的联结巴林与沙特阿拉伯的法赫德国王大桥，更加推动了巴林旅游业的发展。

　　根据阿尔卑斯资本公布的《海合会国家酒店服务业报告》，受益于巴林政府对酒店、旅游等行业的支持，2015—2020年巴林酒店服务业将保持综合年均增长率7.3%，国际旅客年均增长率4.7%，客房出租率年均增长率6%，平均日租金增长率1.4%。报告指出，巴林政府制定了到2018年将旅游收入对GDP增长贡献率提高一倍的目标，并重点在中国、印度等国进行市场推介。据EDB统计，巴林2014年旅游业收入为6.04亿美元，年均增长4.8%。巴林旅游展览局首席执行官哈立德表示，巴林将实施多项沿海岸线开发旅游项目，建设购物中心、五星级酒店、海洋俱乐部及公共设施等，总投资额为20亿巴林第纳尔，目标是到2018年每年吸引游客1 500万人次，将人均日消费额提升至136巴林第纳尔，旅游业收入占GDP比重提升至6.6%。2015年，巴林酒店平均入住率为52%，入住总天数为313万天，人均每天消费额为120.6巴林第纳尔，其中沙特阿拉伯游客人均日消费额为300巴林第纳尔，旅游对GDP的贡献率达3.6%。巴林旅游展览局已与英国、印度、俄罗斯的旅行社签署合作协议，并计划也与德国、中国、法国、沙特阿拉伯等国签署相关协议，以吸引更多游客。据巴林旅游与展览局及全球酒店数据供应商STR统计，2016年第三季度巴林酒店入住率达到54%，同比增长5.1%，为2010年以来最好的三季度表现；1—9月酒店需求量上升5.3%。2016年10月30日，海湾地区最大的宜家项目在巴林动工，该项目总投资额为1.25亿美元，总零售面积为3.7万平方米，预计年吸引顾客120万人次。2016年11月26日，哈立德表示，政府将为注册船只颁发近海旅游许可证，以促进海洋旅游经济发展，并称将健康旅游、教育旅游和海瓦尔群岛（位于巴林与卡塔尔两国之间）旅游作为2018年后巴林旅游经济的三大重点。①

---

　　① 中华人民共和国驻巴林王国大使馆网站，参见：http://bh.china-embassy.org/chn/blxw/t1419318.htm.

第五节　　交通业

❀ 一、公路桥梁

　　巴林的公路交通较为便捷，首都和主要城镇之间都有公路连接。2013年数据显示，巴林境内公路总长为4 274千米，其中，高速公路为563千米，二级道路为656千米，其他道路为2 325千米。在巴林登记注册的机动车数量为541 885辆。[1]巴林2016年下半年启动第四座连接麦纳麦与穆哈拉克大桥第二阶段工程，该大桥连接巴林湾与穆哈拉克岛北部，将有效改善环穆哈拉克岛交通，大大提升麦纳麦金融港、迪亚穆哈拉克（"中国龙城"所在地）等区域的地产价值。

　　1976年，国际银行对在巴林与沙特阿拉伯之间建立堤道进行可行性研究。1982年11月11日，在沙特阿拉伯的投资下，大桥正式动工。该项目工程浩大，大桥根基在地下13米的水域，由5座桥梁连成，桥墩有504个，分7次逐段完成。1986年11月26日，法赫德国王大桥正式竣工。大桥全长约25千米，宽23.2米，为双向6车道，平时使用4条车道，最外面的2条车道供应急和临时停车使用。西起沙特阿拉伯胡拜尔市兹亚区，向东延伸到巴林首都麦纳麦以西的贾斯拉区。法赫德国王大桥的落成对海湾国家的人流和物流以及整个海湾地区的产业布局都产生巨大影响。

　　巴林与卡塔尔之间正修建长达40千米的跨海大桥，项目谈判起于2009年，后因资金问题而搁置，2013年11月又重新启动。目前，持续低油价冲击巴林—卡塔尔跨海大桥项目建设融资，该项目恐难在2022年卡塔尔世界杯前完工。目前，巴方承担的项目建设资金融资尚未被纳入2017—2018年财年预算。[2]

---

[1]　商务部国际贸易经济合作研究院，商务部投资促进事业局，中国驻巴林大使馆经济商务参赞处：《对外投资合作国别（地区）指南·巴林》，2014年，第15页。

[2]　中华人民共和国驻巴林王国大使馆网站，参见：http://bh.china-embassy.org/chn/blxw/t1432539.htm.

巴林没有铁路系统。2013 年，巴林筹备修建巴林—沙特铁路桥，设计长度为 30 千米，投资额为 45 亿美元。该项目是海湾合作委员会铁路项目的一部分。

巴林计划修建轻轨，旨在改善地面交通状况。目前，该项目已经委托国际咨询公司进行可行性研究。

二、港口

萨勒曼港区是巴林最大的港区，共有 18 个泊位，其中主要有集装箱码头，岸线长 600 米，最大可停靠 6.5 万载重吨的集装箱船舶。1967 年 11 月中旬，萨勒曼港开放了 6 个停泊位置，巴林港口初具规模。1992 年集装箱吞吐量为 8.9 万标准箱。其主要出口货物为石油、石油制品、铝锭、珍珠及鱼产品等，进口货物主要为粮食、机械、运输设备、食品及工业制品等。该港可承担各种船舶修理，拥有较大的干船坞，可容纳 55 万吨级的巨型船舶。进入 21 世纪，萨勒曼港的深水港可以提供 14 处泊位，包括两个集装箱码头，以及滚装船停泊处。该港可以停泊 6.5 万净吨的轮船，每年有约 800 艘船只往来于此。

锡特拉港区又称西川港区，主要为油码头，最大水深为 13.4 米。

麦纳麦港区主要在锚地作业，水深达 20 米。装卸设备有各种岸吊、可移式吊、集装箱吊、浮吊、铲车、拖船及滚装设施等，其中浮吊最大起重能力达 400 吨，拖船功率为 1 177 千瓦。货棚面积约为 9 万平方米。

2001 年年末，希得地区开放新的哈利法港口，2009 年正式启用。其港区面积为 90 万平方米，仓库面积为 2.36 万平方米。该港口有能力处理 110 万标准箱，实际吞吐量为 53 万标准箱。一家卡塔尔航运公司宣布开通卡塔尔卢维斯港至巴林哈利法港的客、货运航线，每天两班，每班轮渡可运载约 100 名乘客或 50 辆汽车，全程 1.5~2.5 小时，较陆路 5 小时车程明显缩短。

三、国际机场

巴林是连接东西方的空中交通枢纽，现有 5 个机场。

巴林最大的机场巴林国际机场前身为穆哈拉格的航空集散站。从 1967 年开始，巴林交通部斥资 550 万美元对其进行扩建，修建了新的客运枢纽站，改善了旅客接待厅与其他设备。1994 年，巴林国际机场扩建完成。2001 年，巴林国际机场修建了飞机安全紧急跑道，并且花费 14 亿美元进行了机场设备的现代化改造。2002 年，卡塔尔退出巴林国际机场，巴林航空公司开始了新一轮的重组。2007 年，巴林与阿曼政府合资的海湾航空公司斥资 8.25 亿美元进行改革，包括重新制定网络经营规则，以满足巴林、阿曼经济发展之需以及强化航班准时，减少中转时间，向乘客提供优质服务。2013 年，巴林国际机场飞机日均起落 300 余架次，全年运送旅客 737 万人次，货运和邮件量达24.5 万吨，是中东地区最为忙碌的航空港之一。巴林国际机场有 41 家航空公司入驻，能够飞往世界大部分国家和主要城市。①

　　2016 年，巴林国际机场通行旅客总量为 875.8 万人次，同比增长2%；起降航班数为 10.2 万班次，同比增长 2%；货运总量为 19.55 万吨，同比增长 2.5%；货运停留航班 53.1 万次，同比增长 4%。根据英国航班分析公司 OAG 发布的 2016 年全球机场准点率报告，巴林国际机场以 85% 的准点率排名中型机场第九位，位列中东地区榜首。巴林国家航空公司——海湾航空以 82.7% 的准点率列欧洲、中东及北非地区第九位。

第六节　邮电通信业

　　作为联合国所推崇的经济模式，巴林吸引诸多外资得益于三个因素：良好的营商环境、便捷的交通设施和优质高效的通信设备。经过几十年的艰苦奋斗，如今，巴林俨然是整个海湾地区乃至中东的通信中心。巴林通信行业的发展开始于独立前英国占领时期。1967 年，英国通信公司在巴林阿布贾祖尔角地区修建卫星转播地面接收站。

　　巴林是电信市场开放较早的中东国家。2001 年，巴林国王决定结束巴林电信公司对市场的垄断，开放巴林电信市场。2003 年 7 月，巴林电信监管局授予网络公司 3G 服务的特许权，放宽互联网服务的所有

---

　　① 商务部国际贸易经济合作研究院，商务部投资促进事业局，中国驻巴林大使馆经济商务参赞处：《对外投资合作国别（地区）指南·巴林》，2014 年，第 16 页。

限制。2004年以前，巴林电信监管局发放第二张移动通信许可证给沃达丰公司，打破了巴林电信的垄断地位。2004年7月，巴林开始了宽带网络的招标。市场化政策取得了较好的成效，2002年电话线路达16万余条，平均每四人约有一条，移动电话数超过普通电话数。国际电信联盟数据表明，巴林每一百人中就有26.8条宽带，共有18.58万个用户。截至2013年，巴林移动电话用户为225万人，渗透率为182%；固定电话用户为25.7万人，渗透率为21%；宽带渗透率为23%。2015年，交通通信业产值占巴林GDP的7.2%。巴林在国际电信联盟公布的《2016年信息社会评估报告》中位列全球第二十九位，已连续5年位居阿拉伯国家之首。巴林电信监管局公布的独立审计机构报告显示，2016年巴林4G/LTE通信速度较2014年提升23%，4G上传下载速度从每秒30兆比特上升至36兆比特；3G、4G服务已覆盖巴林全部人口，两分钟内通话比例从95%提高至98.5%。

目前，巴林在邮电通信行业与中国展开了部分合作，华为科技与中兴科技都已入驻巴林。

2016年11月8日，巴林国家通信中心落成。成立国家通信中心的目的是提升政府媒体工作的机制化和有效性，其主要职责为通过制定政府媒体战略并监督其实施和发展，促进政府部门间整合与协调。[1]

第七节　金融业

一、货币

巴林第纳尔为巴林法定货币，简写为BD。1965年，巴林央行开始发行巴林第纳尔，2008年改版，2016年9月1日再次改版。新版货币的盲识别区位置有所变化，特别是增强了10巴林第纳尔、20巴林第纳尔纸币的安全性，更易识别真伪。新版上市后，旧版仍保持流通。[2]

---

[1] 中华人民共和国驻巴林王国大使馆网站，参见：http://bh.china-embassy.org/chn/blxw/t1414080.htm.

[2] 中华人民共和国驻巴林王国大使馆网站，参见：http://bh.china-embassy.org/chn/blxw/t1391546.htm.

人民币与巴林第纳尔之间不能直接兑换。

❧ 二、金融制度

巴林金融业的发展得益于得天独厚的区位优势以及黎巴嫩因内乱丧失金融地位的时机，如今的巴林已经是当之无愧的中东金融服务中心，是巴林的第二大产业。

巴林金融体系的发展始于20世纪70年代。黎巴嫩内战爆发使得贝鲁特的金融活动大受制约，巴林以此为契机建立金融机构，监督货币流通、指导本地商业银行的活动，并且吸引了来自沙特阿拉伯、卡塔尔、科威特、阿拉伯联合酋长国等国的巨额投资。

1975年10月，巴林趁势颁行允许外国银行开设离岸分行的政策，这些离岸银行大都来自西方发达国家和海湾各国一些颇具实力的金融机构，主要经营活动是吸收存款、提供信贷和担保、办理信用证、开展黄金和货币交易等。巴林政府则对离岸银行给予外汇不受管制、自由确定比价和免税等方面的优惠。除此之外，巴林银行可以实现与东京金融市场和伦敦金融市场同日交易。因此，20世纪70年代，在巴林开业的外国银行已经达100多家。到了20世纪70年代末，巴林离岸银行与阿拉伯国家的交易额占总交易额的55%，欧洲和亚洲分别占25%和10%。[①]巴林由此取代了贝鲁特，成为与中国香港、新加坡、伦敦并称的世界四大金融中心。与此同时，巴林还逐渐发展成为世界伊斯兰银行的主要中心，以伊斯兰传统方式参与海湾和中东各国的经济建设和金融业务。

20世纪八九十年代，巴林金融业发展迅速。1983年年末，各离岸银行的资产总额为611亿美元。1993年，巴林境内共有180多家本国和外国银行及其分支机构。其中，商业银行有17家，离岸银行有47家，投资银行有22家，银行代表处有38家，货币兑换商号有25家，货币和外国经纪商号有5家。[②]金融业的腾飞带动了酒店、邮电通信业的发展，提供了不计其数的办事员、律师、会计和印刷工人岗位。

---

① Alan E.Moore，"The Development of Banking in Bahrain，in Ziwar Daftari，ed."，*Issues in Development：The Arab Gulf States*，London：MD Reasearch and Services，1980，pp.149.

② 董友忱：《万国博览·亚洲卷》，北京：新华出版社，1998，第246页。

2011年，巴林金融业产值占国内生产总值的17.7%。2011年年末金融行业拥有银行、保险、基金等经营牌照414块，银行系统资产总额为1 971亿美元，从业人员达1.4万人。巴林金融业监管完善，经营有序，人力资源和技术手段发达，资金可自由汇兑，且免收所得税。2011年年末，巴林共有49家上市公司，市值为167亿美元，当年交易额为2.8亿美元。2012年，巴林金融业产值占国内生产总值为15.5%。2012年年底，金融行业拥有银行、保险、基金等经营牌照405块，银行系统资产总额达1 994亿美元，从业人员为1.4万人。2014年，巴林金融行业对GDP的贡献率为15.2%。2015年，金融业占巴林GDP的16.4%。①

2017年1月30日，巴林国民银行发布报告称，2016年该行互联网金融收益额为5 824万巴林第纳尔，比2015年的5 526万巴林第纳尔增长了5.4%。2016年12月4日，巴林央行负责金融监管的执行官表示，互联网金融是金融企业未来发展主要方向，巴林央行正考虑为互联网金融立法，以吸引更多科技企业来巴林投资兴业，并以巴林为基地辐射整个海合会和中东地区。②

三、银行③

巴林中央银行职责：制定国家货币政策和外汇汇率政策；管理国家外汇储备与国债；监管国家支付和结算系统；发行本币；监管各类金融机构及资本市场和证券市场的监管。

本地商业银行包括国民联合银行、巴林全国银行与巴林科威特银行。

伊斯兰银行包括海湾金融公司、科威特投资银行、巴林伊斯兰银行与Ithmaar银行等。

---

① 中华人民共和国驻巴林王国大使馆经济商务参赞处网站，参见：http://bh.mofcom.gov.cn/article/ddgk/201608/20160801374802.shtml.

② 中华人民共和国驻巴林王国大使馆网站，参见：http://bh.china-embassy.org/chn/blxw/t1421438.htm.

③ 商务部国际贸易经济合作研究院，商务部投资促进事业局，中国驻巴林大使馆经济商务参赞处：《对外投资合作国别（地区）指南·巴林》，2014年。

外资金融机构包括花旗银行、汇丰银行、巴黎银行、三菱联合金融控股集团与标准渣打银行等。

融资条件：符合巴林工商部批准的标准和指标；遵守当地的环保、安全、卫生及劳保等方面的规定。

❀ 四、证券市场

巴林证券交易所是巴林唯一的证券交易市场，有银行业、银行投资业、投资业、保险业、服务业、工业、酒店业等7个交易板块。2012年，巴林股市交易额为2.9亿美元，年底指数1 065.61点，全年下跌6.8%，年初有49家上市公司，年底有47家，市值合计为157亿美元。2013年，巴林股指以1 229.08收盘，全年涨幅为15.54%。

第八节　　旅游业

❀ 一、基本概况

巴林的旅游业发达，为国家创收了大量的外汇。巴林的旅游资源极其丰富。这个国度拥有五千多年的文明史，来自世界各地的多元文化在这里碰撞，海岛风光独一无二，服务业发达，并且有精致丰富的美食。这些使得巴林成为外国游客理想的观光度假胜地。来自海湾地区的游客每到重要节庆，都会跨越法赫德国王大桥来巴林休闲娱乐。2016年，旅游业占巴林国内生产总值的6.8%；2017年，旅游业对巴林国内生产总值的贡献率为7%。

❀ 二、名胜古迹

（一）法塔赫大清真寺

法塔赫大清真寺落成于1987年，得名于艾哈迈德·法塔赫。作为全球最大的清真寺之一，该建筑可以容纳7 000人同时做礼拜。法塔赫大清真寺坐落于麦纳麦，临近法赫德国王大桥。该清真寺形制仿照巴林王宫，拥有带颜色的半球形玻璃纤维屋顶，使得整个建筑看起来金碧辉煌。其中，主殿的圆顶为世界最大的玻璃纤维穹顶，里面还有千盏吊灯。法塔赫大清真寺是巴林最重要的旅游资源之一，吸引了来自世界各地的观光游客。

（二）法赫德国王大桥

巴林多岛，有的岛屿就是一座城市，因此桥梁是沟通巴林城市的重要设施。连接沙特阿拉伯与巴林的法赫德国王大桥于1986年建成，加速了巴林商贸与旅游业的腾飞，也是巴林重要的旅游景点。该桥长25千米，宽23.2米，平均每天约有1万辆车和2.5万人途经该桥。法赫德国王大桥对海湾地区的人口和商品流动以及产业规划布局产生深远的影响，成为巴林外向型经济结构的主要通道。

（三）哈米斯市场清真寺

692年，哈米斯市场清真寺于巴林首都麦纳麦市郊兴建。这座清真寺保存得非常完好，科学家在此发现了穆罕默德前的占建筑遗址和古墓，具有很高的考古学价值。

（四）巴尔巴尔庙

约建于公元前2500年的巴尔巴尔庙坐落于巴尔巴尔地区，位于巴林岛北部，是一座气势恢宏的古代庙宇遗址。迄今为止，考古学家在此发现了石制大门、祭坛与水池等。

第九节　现代巴林经济发展历程

一、石油经济的建立

巴林盛产优质珍珠，因而若干个世纪以来，珍珠业一直是巴林的支柱产业，巴林人以采珠为生。然而，20世纪30年代，巴林的经济形势发生了惊人的逆转，最终使得巴林走向经济转型之路。

首先，珍珠业的衰败决定着巴林传统的优势经济无以为继，必须进行经济转型。在珍珠业的全盛时期，巴林有1/4的人口从事珍珠采集。每年6—10月，大约有2 000艘珍珠采集船在珍珠滩上进行采集作业。然而到了20世纪30年代，巴林的珍珠业突然衰退，并且从此一蹶不振。造成这种局面的原因主要是席卷了全世界的经济大萧条。在全球经济持续低迷的影响下，奢侈品市场必然受到冲击。人们对于珠宝类奢侈品的消费欲持续走低，珍珠业自然受到了重创。1930年，巴林珍珠业的年产值为159 900英镑，仅为1901年（475 300英镑）的约1/3，许多珍珠商人因此破产。

其次，日本率先掌握的人工养殖珍珠技术对巴林的珍珠业又是一记重击。1905年，日本商人成功培育出圆形珍珠。[1]20世纪20年代，日本人开始批量生产海水珍珠与淡水珍珠，获利颇丰。一时间，价格高昂的天然采集珍珠鲜有人问津，这对巴林的珍珠业来说无疑是致命的。

再次，巴林自20世纪30年代开始出口石油。石油产业的萌芽为巴林经济转型提供了可能。石油作为一种化石燃料，对于军事、工业与日常生活来说价值非凡。因此一经发现，西方各国便纷至沓来。

油田工作安全，收入有保障，促使许多珍珠采集者变为石油工人。1936年，巴林炼油厂建成投产，到20世纪40年代，当地半数以上的人口都在巴林石油公司炼油厂里工作。传统生活方式与生产方式规模逐渐缩减，甚至消失。许多农村人口纷纷涌入城市，寻找工作机遇。由此，巴林进入了石油经济时代。

石油经济时代赋予了巴林社会经济以下特征：

第一，最显而易见的是，石油产业一跃成为巴林的支柱产业。1929年1月11日，加利福尼亚美孚公司成立了子公司——巴林石油公司，在加拿大登记为英国公司。1930年6月12日，巴林石油公司与巴林统治者签订了一份期限为69年的石油租让权协定，可以在巴林2/3的领土上勘探和开采石油。1931年，巴林石油公司在朱拜尔沙漠612米深处发现38 ℃的API原油。1932年，海湾南部第一口油井——巴林阿瓦利油田的油井喷油。随后，在陆续发现了16口油井之后，巴林石油公司开始提炼石油。1937年，巴林岛上已经有60口油井，原油产量从1933年的4 500吨增加到1939年的10多万吨。20世纪40年代初，海湾石油大部分在巴林石油公司炼油厂里加工。巴林的石油工业进行得如

---

[1] 胡松芳：《20世纪麦纳麦两次经济转型研究》，硕士毕业论文，山西师范大学，2015年。

火如荼，到1964年，巴林政府年财政收入的3/4要靠石油产业来贡献。石油经济的建立促使麦纳麦经济结构开始转变，从以农牧经济为基础和以血缘关系为纽带的部族社会向以经济交往为链条的现代社会转变。巴林经济的支柱由过去的采珠业变为现代石油工业。

第二，油田与炼油厂的投产推动了巴林城市化发展。

第三，石油产业的飞速发展意味着需要大量的低廉劳动力，英国殖民政府推行开放的移民政策，大量伊朗人涌入巴林务工，进一步增加了巴林什叶派的人口基数。

第四，石油资源的发现与石油经济的建立使得包括巴林在内的海湾地区统治者意识到边界的重要性。

第五，巴林政府利用巨额石油收入成立政府部门，推动教育等公共服务事业的发展。

第六，石油经济推动了城市化与贸易的发展，带动了现代服务经济的发展。大量的消费品出现在城市的市场上，也为外国游客、巴林石油公司的工人服务。

然而，以石油工业为主导的经济模式存在着一些弊端。20世纪30年代巴林经济转型的主要原因是石油的发现，转型之后的经济主要依靠的是石油经济。这就导致巴林产业单一，对石油的依赖度极高。以石油产业为绝对的经济主导意味着工业部门发展畸形。20世纪30年代至独立以前，巴林其他产业的发展不理想。这就带来一个严重的问题，即一旦石油产业开始下滑，巴林的经济发展将举步维艰。此外，转型并不是由巴林主导的，外国公司在整个过程中发挥着十分重要的作用。从石油的发现到石油产业的发展，外国石油公司都处于主导地位。最早在巴林勘探石油的是英国和美国的地质学家，最先开采出石油的是美孚石油公司的子公司，石油开采、加工、运输的整个过程全部是由外国石油公司控制的，生产出的石油产品是供外国使用的。在石油经济发展的整个过程中，巴林能够获得的仅是土地租借费和开采石油缴纳的税款，这与外国石油公司获得的高额利润相比，是微不足道的。作为殖民地的巴林，其石油产业是掌握在外国公司手中的。

❖ 二、走向后石油经济时代

20世纪70年代，巴林开始了以巩固第二产业，扩大产业链，优化产业结构为主要路线的经济改革。优化产业结构表现为：

（1）工业：维持并发展油气行业。海湾地区有着丰富的油气资源，尽管巴林的资源储量在海湾国家中不占优势，但由于石油产业开展的历史早、基础好，在多样化的经济政策下，油气行业仍然是巴林经济的基石。例如，2015年，巴林油气行业在GDP中所占比值仍然最高，为19.7%。巴林发展油气产业的主要内容有三个：第一，利用本国石油，并借助沙特阿拉伯的资助，继续向国际市场出口石油。第二，由于石油储量不丰富，巴林王国将目光转向石油加工，依托世界油库的资源优势，积极发展炼油业，用出口石油产品替代了原先的出口原油。2006年，巴林出口石油冶炼产品产值达到58亿美元，占石油出口收益的60%。第三，大力发展天然气产业，加快液化气、甲烷、氨、甲醇与尿素等产品的生产，以满足巴林本国生产需要并用于出口。

（2）大力发展以炼铝业、造船业与建筑业为核心的制造业。其中，建立巴林铝厂是最成功的工业化战略之一。巴林铝厂是全球范围内最大的现代化炼铝厂，铝业也是巴林主要的非油气行业。2006年，铝出口额达到14.5亿美元，占巴林总出口额的13%、所有制造品的1/3。

（3）发展以离岸银行与伊斯兰银行为主要特点的巴林金融业。

（4）大力发展商贸、旅游等第三产业。

巴林能在20世纪70年代开始如此大规模的经济改革，有着特定的原因：

首先，巴林虽然是海湾国家中最早开采出石油的，但是其储量较少，在海湾国家中居于末位。面对石油资源日渐枯竭的局面，巴林政府制定了经济多样化、经济专业化与贸易自由化的政策。

其次，1971年巴林实现独立，为经济发展提供了良好的氛围。

再次，虽然在石油经济下的巴林产业单一，但是丰厚的石油收入为巴林发展完善的产业结构提供了经济保障。

最后，独立前的巴林经济对外依存度高，但是某种程度上带给巴林较为开放的营商环境和更多的海外注资渠道。

20世纪70年代开始的经济转型直至今日都有着极其积极的意义：优化经济结构，促进经济的发展；加速巴林的城市化进程；促进社会进步与中产阶层的崛起。

21世纪以来，巴林在沿袭20世纪70年代开始的改革道路基础上，做了微调整，形成了以石油天然气、冶炼与石化、制造业、金融业、旅游业、邮电通信业为主要经济部门的经济格局。

第十节　对外贸易

由于非油气资源匮乏，因此为满足生产、生活的基本需求，巴林的农副产品与工业原材料大多依赖进口。同时，与其他海湾国家相比，巴林的油气资源少得可怜，需要从沙特阿拉伯、俄罗斯等国家进口石油与天然气。因此，巴林经济的对外依存度非常高。

巴林主要非食用进口物资为铝矾土、石油与天然气。铝矾土的进口国为澳大利亚，石油的主要进口国为沙特阿拉伯，天然气的主要进口国为沙特阿拉伯、卡塔尔与俄罗斯。其中，沙特阿拉伯每日要向巴林提供15万桶石油。巴林海关及电子政务与信息局发布统计数据显示，2016年巴林非石油产品进口额为43.62亿巴林第纳尔。巴林的第一大进口来源国是中国，进口额为5.37亿巴林第纳尔；排名第二位的是美国，为4.76亿巴林第纳尔；排名第三位的是阿拉伯联合酋长国，为3.36亿巴林第纳尔。

巴林主要出口商品为原油和成品油、球团矿和铝。巴林最大出口市场为沙特阿拉伯，其次是美国、阿拉伯联合酋长国、卡塔尔、科威特、埃及等。2016年，巴林非石油出口额为25.20亿巴林第纳尔，赤字达18.42亿巴林第纳尔。[①]

进出口贸易是巴林经济生活中非常重要的部分，巴林对于产品的进出口有着较为明确的规定：

（1）不得进口产于以色列的商品。

（2）根据阿拉伯国家联盟的自由贸易协定，自1998年起，阿拉伯国家联盟成员生产的产品进入巴林市场可享受10%的关税减让，减让水平每年增加10%。

（3）以下商品可以免税：沙特阿拉伯、科威特、阿拉伯联合酋长国、阿曼、卡塔尔生产的获得海湾合作委员会出具原产地证书的商

---

① 中华人民共和国驻巴林王国大使馆网站，参见：http://bh.china-embassy.org/chn/blxw/t1431583.htm.

品；与巴林签订双边协定的约旦、突尼斯等国生产的商品。

（4）以下商品禁止进口：所有麻醉药品（海洛因、可卡因、大麻以及具有类似效果的药品），印度槟榔及制品，二手及翻新轮胎，人工养殖珍珠，香烟，无线电及遥控飞机模型，能够发射子弹的儿童玩具枪支，原产地是以色列或者印有以色列商标或者标识的货物，违背伊斯兰教教义、礼仪或者道德规范的印刷出版物等。

（5）以下商品禁止出口：各种燃料和享受政府补贴的物品，如柴油，以及享受政府补贴的各类面粉、牛羊肉和标有"Delmon"商标的鸡肉。

（6）以下商品进口必须出具相关证书：活的野生动物（仅供马戏表演）、鸟类及其副产品、动物及植物肥料、杀虫剂和杀菌剂、肉及肉制品、鱼类及海鲜产品、水果和蔬菜、植物、放射性化学物品和活跃同位素、食品（包括加工和未加工）、药物、乙醇、异丙醇、手推四轮小车、钢制或铁制手铐、武器、弹药、爆炸物和军用武器、杂志和出版物、影视制品、光学和磁视听介质、侵犯知识产权的产品、电信、广播及电视接收和广播设备等。

巴林实行不限国别、无配额和无外汇限制的自由贸易政策，平均关税为5%~10%。巴林第纳尔可以自由兑换，外汇、利润和资金流动不受限制。巴林签署的双边与多边贸易协定超过68个，涵盖了投资促进及保护、规范税收及所得、经济贸易及技术合作等方面的内容。1972年9月7日，巴林加入国家货币基金组织。1995年1月1日，巴林正式成为世界贸易组织成员。2004年9月14日，巴林与美国签订《巴林-美国自由贸易协定》；2006年8月1日，该协定生效。自生效以来，巴美贸易额实现翻番，2015年双边贸易额为22亿美元，其中巴林向美国出口额为9.02亿美元，进口额为13亿美元。2012年4月28日，巴林能源大臣在麦纳麦表示，巴林与美国第四大石油公司西方石油公司签署了一项深层天然气勘探协议。美国西方石油公司在巴林境内进行天然气勘探钻井作业，由于2012—2019年的天然气钻井作业费用将由美国西方石油公司承担，因此，巴林将不承担深层天然气勘探作业所需的费用。

2016年11月27日，巴林商工会与俄罗斯联邦商工会在巴林举办商务展会。巴林驻俄罗斯大使透露，巴俄自贸协定已提上日程，双方有关部门积极商签。29 日，巴林中小企业发展协会与俄罗斯中小企业公会签署合作备忘录，支持两国中小企业的发展与合作，促进双方贸易与投资。[1]

海湾合作委员会成员国是巴林传统的经贸伙伴，仍然在巴林经济生活中发挥巨大作用。2015 年，仅海合会开发基金就在巴林投资近 40 亿美元，总投资额为 320 亿美元的战略基础设施项目有序推进，巴林经济，特别是私营经济得到有效支持，经济多元化成效显著。2016 年 8 月 23 日，巴林财政大臣代表巴林政府与科威特阿拉伯国家开发基金签署两项价值超 10 亿美元的合作协议，其中 9.96 亿美元投资于巴林 2 万套住房项目，3 200 万美元投资于萨勒曼工业城基础设施建设。截至 2016 年，巴林政府与科威特基金共签署 7 项协议，总投资额为 23 亿美元；以该基金为代表的海湾开发项目共计在巴林投资 75 亿美元，涵盖卫生、教育、住房、基础设施、社会服务等领域，包括国际机场扩建工程等。巴林住房大臣与科威特、阿拉伯联合酋长国等国公司签署 7 份建筑合同，总投资额为 3.95 亿美元，投资来源于海湾开发项目，其中 2.93 亿美元由科威特阿拉伯国家发展基金提供，用于开发 2 892 套住房及配套工程；1.02 亿美元由阿布扎比开发基金赞助，用于开发"北方城市"项目。[2]

作为巴林第一大进口国的中国，目前是巴林第二大贸易伙伴。自建交以来，中国与巴林共签署了十余项双边协议，以促进双方政治、经济、社会、技术等方面的友好合作的开展。截至 2016 年，在巴林的主要中资企业有 11 家，涉及制造业、金融业、邮电通信业、零售贸易、基础设施建设与工程承包等行业。巴林方面热切盼望中国给予巴方更多的技术支持，并乐于在清洁能源的开发以及提高传统能源部门产出率等方面与中国进行更深入的合作。

哈马德国王登基后，颁布了一系列政策，包括鼓励私人投资，允许外资完全拥有企业，外汇可自由转移，对部分进出口商品免除关税，并免收个人所得税、公司税等，旨在吸引外资。巴林积极为外商

---

① 中华人民共和国驻巴林王国大使馆网站，参见：http://bh.china-embassy.org/chn/blxw/t1419761.htm.

② 中华人民共和国驻巴林王国大使馆网站，参见：http://bh.china-embassy.org/chn/blxw/t1391546.htm.

创造一个良好的投资环境，维持稳定的金融环境，如货币汇率保持
20年不变。巴林金融机构（中央银行）也努力构建一种银行行政指挥
的良好形象，鼓励开发金融服务部门，如离岸银行和保险银行的活
动。2000年12月，巴林第纳尔正式与美元挂钩。自2002年5月起，巴
林政府允许外国人在本国自由更换工作，巴林的商业环境更为宽松。
2016年11月2日，巴林首相哈利法出席工商与旅游部举办的第十一届
"投资巴林"论坛和展览。哈利法呼吁外国投资者抓住机遇，更多投
资巴林创新产业和新经济部门。他表示，巴林政府致力于创造便利和
友好的现代化营商环境，确保相关政策灵活、开放，以实现可持续增
长。此次展会主要展示巴林工业、房地产、旅游、金融、电子商务等
领域投资机遇，并积极鼓励私营部门更多地参与海合会国家铁路网建
设。2016年12月5日，巴林内阁批准工商旅游部提交的交通公司投资
法规修订案，外国投资者若在巴林国内投资设立私人旅游交通公司，
被允许获得所有股份；若设立公共交通公司，包括出租车、摩托车租
赁、国际旅游、国际货运等，外资可持有49%的股份，巴林公民持有
51%的股份。[1]

　　凭借独特的地理位置、简洁有效的法律法规，巴林已成为中东地
区投资热土，外资比例在海湾合作委员会成员中居于首位。巴林已经
免除自贸区进口的机器设备及零部件关税，与阿拉伯国家、美国、新
加坡、欧洲自贸协会等签署自贸协定。巴林外资主要来自其他海合会
和阿拉伯国家、欧盟和美国，投资领域涉及金融业、零售业、通
信、石油勘探、餐饮、港务经营以及房地产等行业。2013年，巴林
吸收外资存量为178.1亿元。"巴林模式"成功经验已被推广至数十
个国家。[2]

----

[1]　中华人民共和国驻巴林王国大使馆网站，参见：http://bh.china-embassy.
　　org/chn/blxw/t1422431.htm.

[2]　中华人民共和国驻巴林王国大使馆网站，参见：http://bh.china-embassy.
　　org/chn/blxw/t1394635.htm.

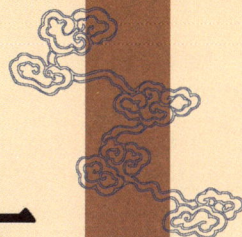

下

篇

第九章 "一带一路"构想下的中巴关系

第一节　巴林投资环境

作为"海湾的新娘""波斯湾的珍珠"，巴林扼守重要的传统商路，数百年来一直以采珠业为经济支柱。20世纪30年代发现石油后，巴林曾一度成为海湾产油国的领跑者。然而由于石油资源很快濒临枯竭，巴林又经历了深刻的社会经济变革，步入后石油经济时代，成为海湾乃至整个中东地区的电子通信、金融与旅游业中心。

巴林较为宽松的经济环境吸引了大笔外资，为巴林经济发展不断注入新鲜血液。据统计，2008—2016年，联合国系统共为巴林中小企业吸引投资16亿美元，其中外商直接投资12亿美元。据世界经济论坛《2013—2014年全球竞争力报告》，巴林的竞争力位居全球第四十三位。2016年，联合国工业发展组织（UNIDO）投资与技术促进办公室在巴林成立20年之际，联合国积极推广巴林成功的经济模式。

巴林能够具有较强的吸引外资的能力，有其特定的因素：

第一，自20世纪30年代开始不断发展的石油产业为巴林的经济发展奠定了坚实的基础。

第二，巴林的法律法规较为健全和完善，经济政策较为稳健。经济领域各项施政较为透明，对外开放和市场化程度较高。

第三，巴林相关基础设施和配套保障服务较为完善，交通条件便利，物流系统发达，具备较强的向海湾合作委员会其他成员以及域外国家辐射的能力。

第四，巴林的经济政策十分适宜吸引外资。没有企业税，没有个人所得税，没有资本利得税，没有代扣所得税，也没有对资本、收益或股息汇出的限制。其商务成本低于卡塔尔、科威特、迪拜等国家和城市。

第五，巴林民风淳朴，社会风气开放。巴林的历史就是一部不同文明共存并相互融合的历史，因此巴林人对外籍友人普遍温和友好。英语在巴林较为普及，这是很重要的语言环境。[1]

巴林经济呈稳步增长态势。2008 年，巴林 GDP 为 219.05 亿美元，人均 GDP 为 19 797 美元；2009 年，巴林 GDP 为 205.99 亿美元，人均 GDP 为 18 616 美元；2010 年，巴林 GDP 为 217.3 亿美元，人均 GDP 为 17 601 美元；2011 年，巴林 GDP 为 258.2 亿美元，人均 GDP 为 21 607 美元；2012 年，巴林 GDP 为 308 亿美元，人均 GDP 为 25 121 美元；2013 年，巴林 GDP 为 330.27 亿美元，人均 GDP 为 26 874 美元[2]；2014 年，巴林 GDP 为 343.8 亿美元，人均 GDP 为 25 040 美元[3]；2015 年，巴林 GDP 为 310.3 亿美元。

2013 年，在巴林 GDP 构成中，油气行业占 26.66%，金融业占 15.14%，制造业占 14.65%，建筑业占 5.88%，批发零售业占 3.99%，宾馆餐饮业占 2.13%，农渔业占 0.27%。当年政府财政赤字为 10.94 亿美元，外汇储备为 50.58 亿美元，通货膨胀率为 3.3%。[4]

2014 年，在巴林 GDP 构成中，金融业占 15.2%，制造业占

---

[1]　商务部国际贸易经济合作研究院，商务部投资促进事业局，中国驻巴林大使馆经济商务参赞处：《对外投资合作国别（地区）指南·巴林》，2014 年，第 9 页。

[2]　商务部国际贸易经济合作研究院，商务部投资促进事业局，中国驻巴林大使馆经济商务参赞处：《对外投资合作国别（地区）指南·巴林》，2014 年，第 10 页。

[3]　中华人民共和国驻巴林王国大使馆经济商务参赞处网站，参见：http://bh.mofcom.gov.cn/article/ddgk/201508/20150801073497.shtml.

[4]　商务部国际贸易经济合作研究院，商务部投资促进事业局，中国驻巴林大使馆经济商务参赞处：《对外投资合作国别（地区）指南·巴林》，2014 年，第 10 页。

14.7%。当年政府财政赤字为 15 亿美元，外汇储备为 55 亿美元。[①]

2015 年，巴林 GDP 增长率为 2.9%（一说为 3.2%）。其中非油气行业增长 3.9%，油气行业负增长 0.9%。在 GDP 构成中，油气行业占19.7%，金融业占 16.4%，制造业占 14.6%，建筑业占 7.0%，贸易业占4.4%，宾馆餐饮业占 2.4%，交通通信业占 7.2%，公共和私人服务业占5.9%，不动产及商业占 5.5%，政府收入占 12.7%，其他占 4.4%。当年政府财政赤字为 39.9 亿美元，外汇与黄金储备为 50.51 亿美元，通货膨胀率为 1.8%，失业率为 3.1%。[②]

2007 年 10 月 23 日，巴林经济发展委员会公布《2030 年巴林经济展望报告》，具体规划了巴林经济发展的目标。第一，到 2030 年，建立具有现今生产力水平和全球竞争力、可持续发展的国民经济体；家庭实际可支配收入在现有基础上翻两番。第二，大力发展私有经济，私营经济部门每年为巴林籍人民提供 1 100 个就业岗位，月薪达到 1 330 美元，为外籍劳动力提供 2 700 个就业岗位。[③]

与周边国家地区，如迪拜、卡塔尔相比，巴林的商务成本较低。

巴林实行针对水、电、气、油的政府补贴政策，限价阶梯形销售。家庭用电量为 1~3 000 千瓦时，每千瓦时 0.008 美元；3 001~5 000 千瓦时，每千瓦时 0.024 美元；5 000 千瓦时以上，每千瓦时 0.043 美元。非家庭用电，每千瓦时 0.043 美元。家庭用水量为 1~60 立方米，每立方米 0.07 美元；61~100 立方米，每立方米 0.21 美元；100 立方米以上，每立方米 0.53 美元。非家庭用水量为 1~450 立方米，每立方米 0.8 美元；450 立方米以上，每立方米 1.07 美元。天然气每百万英热单位2.25 美元。95 号汽油每升 0.27 美元；91 号汽油每升 0.21 美元；柴油每升 0.27 美元。自 2016 年 3 月起，对工业用水、用电的单价进行调整，调价方案将每年进行一次，直至 2019 年结束。改革方案规定，2016 年

---

① 中华人民共和国驻巴林王国大使馆经济商务参赞处网站，参见：http://bh.mofcom.gov.cn/article/ddgk/201508/20150801073497.shtml.

② 中华人民共和国驻巴林王国大使馆经济商务参赞处网站，参见：http://bh.mofcom.gov.cn/article/ddgk/201608/20160801374802.shtml.

③ 商务部国际贸易经济合作研究院，商务部投资促进事业局，中国驻巴林大使馆经济商务参赞处：《对外投资合作国别（地区）指南·巴林》，2014 年，第 12 页。

巴林工业用电量为 5 000 千瓦时以下，每千瓦时 0.28 美元；5 001~250 000 千瓦时，每千瓦时 0.33 美元；250 001~500 000 千瓦时，每千瓦时 0.37 美元。2017 年，工业用电量为 5 000 千瓦时以下，每千瓦时 0.28 美元；5 001~250 000 千瓦时，每千瓦工业用电量为时 0.39 美元；250 001~500 000 千瓦时，每千瓦时 0.40 美元。2018 年，工业用电量为 5 000 千瓦时以下，每千瓦时 0.28 美元；5 001~250 000 千瓦时，每千瓦时工业用电量为 0.44 美元；250 001~500 000 千瓦时，每千瓦时 0.46 美元。2019 年，工业用电量为 5 000 千瓦时以下，每千瓦时 0.28 美元；5 001~250 000 千瓦时，每千瓦时 0.51 美元；250 001~500 000 千瓦时，每千瓦时 0.51 美元。2016 年，工业用水量为 450 立方米以下，每立方米 7.04 美元；超过 450 立方米，每立方米 8.80 美元。2017 年，工业用水量为 450 立方米以下，每立方米 9.68 美元；超过 450 立方米，每立方米 10.56 美元。2018 年，工业用水量为 450 立方米以下，每立方米 11.44 美元；超过 450 立方米，每立方米 12.32 美元。2019 年，工业用水量为 450 立方米以下，每立方米 13.20 美元；超过 450 立方米，每立方米 13.20 美元。[①]

在海湾合作委员会成员中，巴林的劳动力素质较高，普遍熟练掌握阿拉伯语和英语，受教育程度较高。巴林中央银行 2011 年第三季度数据显示，在巴林私营部门中，巴林籍员工平均月薪为 1 633 美元，非巴林籍员工平均月薪为 535 美元；在巴林公立部门中，巴林籍员工平均月薪为 1 894 美元，非巴林籍员工平均月薪为 1 686 美元。但是，巴林在劳动力市场实行巴林化政策，根据企业的性质和规模，设置了企业雇用巴林籍员工的最低比例要求。农业、建筑业等比例为 5%~30%，商贸等行业比例甚至达到 80%。巴林劳动市场管理署决定自 2012 年 7 月起，对雇佣员工 5 人以下的中小企业，外籍员工劳务管理费由每人每月 10 巴林第纳尔（26.7 美元）减半至 5 巴林第纳尔；对雇佣员工 5 人以上的企业，外籍员工劳务管理费不变，每人每月 10 巴林第纳尔。这一政策旨在给中小企业减轻负担。中小企业节省下来的费用可以用于改善工艺、技术，从而达到增加收入的目的。

巴林的低税收是外资进入巴林的另一个有利条件。巴林的税收体

---

① 中华人民共和国驻巴林王国大使馆经济商务参赞处网站，参见：http://bh.mofcom.gov.cn/article/ddfg/201603/20160301269176.shtml.

系非常简单，没有企业税、个人所得税与增值税。对进口商品收取关税，资源类企业收取企业所得税，部分行业收取印花税（房地产行业印花税的税率为1%~3%）和市政税（宾馆餐饮业市政税的税率为5%）。1979年，巴林颁布《所得税法》，规定向在巴林境内直接从事原油和天然气勘探、生产的企业征收企业所得税，税率为46%；非资源类企业不交企业所得税；普通商品关税的税率为0~5%；烟酒制品实行特殊关税税率[1]。

巴林鼓励并欢迎外国人在巴林投资，但是在投资行业与投资方式上有一些限制。巴林禁止对博彩业、烟草加工业、武器制造业、酿酒业等行业进行投资。渔业、会计、簿记、货物清关与赛车燃料进出口和销售等行业，只有巴林公民或公司有资格经营。诊所、房地产中介与代理、外籍劳务中介、代办政府手续、商业代理、印刷出版、电影、客货运输、租车、加油站等行业，只有巴林或海湾合作委员会公民或公司有资格经营。商业与零售业投资，必须由巴林籍股东占51%以上的股份。外资必须与巴林公民合伙方可经营旅行社。药店中巴林籍股东必须持有一半以上的股份。巴林王国鼓励外资投资能生产当地所需消费品并能代替外国同类竞争产品，产品能用于出口，能利用海湾国家现有资源，政府制定发展区域，有利于海湾地区工业一体化，环境友好型且技术引进为导向的项目。[2]

巴林企业组织结构分为八种类型：公共股份公司，私人股份公司，有限责任公司，合伙公司，简单两合公司，股份两合公司，个人公司与外国公司分支机构。巴林王国允许外资以合资或独资方式设立公司、工厂或开设办事处（无业务经营权）。巴林特别鼓励外资以BOT方式参与巴林的基础设施建设。BOT为Build（建设）、Operate（运营）以及Transfer（转让）的缩写，中文名为民营兴建运营后转移模式。其为将政府所规划的工程交由民间投资兴建并经营一段时间

---

[1] 商务部国际贸易经济合作研究院，商务部投资促进事业局，中国驻巴林大使馆经济商务参赞处：《对外投资合作国别（地区）指南·巴林》，2014年版，第32页。

[2] 商务部国际贸易经济合作研究院，商务部投资促进事业局，中国驻巴林大使馆经济商务参赞处：《对外投资合作国别（地区）指南·巴林》，2014年版，第30页。

后，再由政府回收经营。2011年2月，巴林将穆哈拉克污水处理装置合同授予三星工程公司、阿布扎比投资公司和英国国际联合公用事业公司。建成后，由三星工程公司与英国国际联合公用事业公司经营24年，再由巴林政府收回。这套模式对于缓解政府财政压力，引进国外先进技术以及借鉴国外成熟的管理经验有着积极和深刻的作用。[1]2016年7月，巴林政府推出改革新政，在旅游、信息通信技术、制造业等领域允许外资完全持股。此举将进一步吸引外来投资、刺激经济增长、促进就业。[2]

目前，巴林正在推进或已经完成的重大项目包括：（1）海合会援助项目。2011年3月，海合会向巴林提供100亿美元无偿援助，用于在2012—2022年实施的社会发展及民生项目，涉及保障房、交通、供水供电、医院、学校等领域，将陆续招标实施。（2）保障房项目。（3）炼油厂扩建。巴林斥资60亿美元，计划将炼油能力从26.5万桶/日提高到45万桶/日；新建一条从沙特阿拉伯到巴林的直径为30英寸输油管道，长达126千米，每日输送原油35万桶。（4）海湾石化公司扩建。（5）液化天然气码头，用于从俄罗斯进口天然气。（6）巴林—沙特铁路桥。（7）巴林—卡塔尔友谊大桥。（8）铝厂六号生产线。巴林铝厂拟投资25亿美元新建一条生产线，以每年增加产能40万吨。（9）金融合作。巴林金融市场开放，秩序规范，经营成本较低，中国银行已在巴林设立了办事处。（10）制造业和转口贸易合作。（11）工业城项目。（12）旅游地产项目。（13）农业项目。苏丹政府向巴林提供4.2万公顷土地用于种植饲料返销巴林，饲养牲畜返销巴林，种植小麦、大米和油料等战略物资等。[3]

截至2016年，巴林建设了9个工业园区。园区内的项目享受免除材料进口税与土地租金低收费等优惠。租金为每平方米1.34~1.87美

---

① 商务部国际贸易经济合作研究院，商务部投资促进事业局，中国驻巴林大使馆经济商务参赞处：《对外投资合作国别（地区）指南·巴林》，2014年，第31页。

② 中华人民共和国驻巴林王国大使馆经济商务参赞处网站，参见：http://bh.mofcom.gov.cn/article/ddfg/201609/20160901399240.shtml.

③ 中华人民共和国驻巴林王国大使馆经济商务参赞处网站，参见：http://bh.mofcom.gov.cn/article/ddgk/201307/20130700213266.shtml.

元。其中，巴林国际投资园（主要吸引出口加工、工业配套服务等高附加值项目）与巴林物流园（主要吸引转口贸易公司、高附加值物流公司等投资入园）最具影响力。

第二节　中国与巴林的经贸合作

巴林王国在海湾地区占据着极其重要的战略地位，其地理位置靠近沙特阿拉伯和卡塔尔，便于通商。另外，对于外部力量来说，巴林是中国在海湾地区扩大影响的最佳选择。中国与巴林的合作并不仅限于石油，还在贸易、金融与银行业、通信、农业、动物畜养、捕鱼、能源与基础设施建设、制造业、纺织业、电子工业、消费品与服务业、可再生能源以及海水脱盐净化等领域建立了广泛的双边关系。

进入21世纪以来，中国与巴林的双边贸易额飞速增长。相关数据显示，2000年，中国与巴林双边贸易额达到1.47万亿美元。中国向巴林的出口包含：棉布2 956万美元，高纯度未锻轧镁388万美元，玩具276万美元，计算机设备零件226万美元，针棉织品186万美元。巴林向中国的出口包含：铝1 433万美元（其中包括铝合金条979万美元、未锻轧铝442万美元），甲醇828万美元，冷冻虾蟹108万美元。贸易逆差达到9 765万美元。[①]

2001年，中国对巴林进出口总额近1.3亿美元，其中出口额为5 209万美元、进口额为7 768万美元。

2006年，中巴贸易总额为3.49亿美元。其中，中方出口额为2.84亿美元，主要出口商品是机电产品、纺织品和服装、食品等；中方进口额为0.65亿美元，主要进口商品是未锻造的铝及铝材、液化石油气、棉纱线等。截至2006年年底，中方在巴林承包工程和劳务合作累计完成营业额1 069万美元，在巴林有70余名劳务人员。

2007年5月27日，巴林向中国企业抛出橄榄枝，希望吸引中国企业成为巴林投资港的一员。这是巴林投资港中国行的第一站。巴林投资港是巴林最具开创性的综合型投资区，集自由贸易和工业为一体，

---

① 中华人民共和国驻巴林王国大使馆经济商务参赞处网站，参见：http://bh.mofcom.gov.cn/article/zxhz/200208/20020800035728.shtml.

园区总面积达170万平方米，可容纳2万就业人口。

2007年，中国与巴林的双边贸易额达4.87亿美元。其中，中国对巴林出口额为3.85亿美元，从巴林进口额为1.02亿美元。

2010年，中国与巴林双边贸易额为10.5亿美元。其中，中国向巴林出口额为8亿美元，出口的主要商品有机电产品、金属及高新技术类；中国从巴林进口额为2.5亿美元，主要商品为铝及制品、铁矿砂、液化石油气和有机化学品等。

2011年，中国与巴林双边贸易额为12.1亿美元。其中，中国出口额为8.8亿美元，主要出口商品是机电产品、钢材、纺织服装等；中国进口额为3.3亿美元，主要进口商品是铁矿砂、铝、液化石油气等。当年中国企业在巴林新签承包劳务合同额为205万美元，同比下降91%；完成营业额为1 519万美元，同比下降83%。截至2011年年底，中国企业累计在巴林签订承包劳务合同额为24 256万美元，完成营业额为23 629万美元，年底在巴林有工程劳务人员400余人。[1]

2012年，中国与巴林双边贸易额为15.5亿美元。其中，中方出口额为12亿美元，主要出口商品是机电产品、纺织品和服装、食品等；进口额为3.5亿美元，主要出口商品是铁矿砂、铝材和液化石油气等。2012年，中国公司在巴林累计新签订工程承包和劳务合作合同额为367万美元，完成营业额为179万美元，年底在巴林有工程劳务人员500余人。[2]

2013年1—4月，中国与巴林双边贸易额达5.5亿美元。其中，中国出口额为3.9亿美元，中国进口额为1.6亿美元。截至2013年年底，中国与巴林双边贸易额为19亿美元。2014年，中巴双边贸易额为14.16亿美元。其中，中国出口额为12.32亿美元，主要出口商品是机电产品、钢材、纺织服装等；中国进口额为1.84亿美元，主要进口商品是铁矿砂、铝、液化石油气等。

2015年，中国与巴林双边贸易额为11.2亿美元。其中，中国出口额为10.1亿美元，中国进口额为1.1亿美元。

---

① 中华人民共和国驻巴林王国大使馆经济商务参赞处网站，参见：http://bh.mofcom.gov.cn/article/zxhz/201210/20121008378842.shtml.

② 外交部网站，参见：http://www.fmprc.gov.cn/mfa_chn/gjhdq_603914/gj_603916/yz_603918/1206_604066/sbgx_604070/.

2016年1—6月，中国与巴林双边贸易总额为4.2亿美元。其中，中国出口额为3.9亿美元，中国进口额为0.3亿美元。[①]

据巴林2011年统计，在非石油贸易领域，中国是巴林仅次于沙特阿拉伯的第二大伙伴，中国进口额占巴林进口总额的比例为13%，是巴林最大的非石油贸易进口来源国。

中国与巴林的经贸合作不仅体现在双边贸易上，还包括双向投资和劳务承包。截至2010年9月底，中国在巴非金融类直接投资存量达到87万美元，主要为中资企业注册资本；累计签订承包劳务合同额2.4亿美元，完成营业额2.1亿美元；各类劳务人员总数为303人，主要是工程项目的劳务人员；中国企业雇用当地员工43人。巴林在华投资项目达11个，实际投资1 467万美元，主要投资领域为塑料制品、纺织服装等。[②]2012年年底，中国企业在巴林投资余额为87万美元，巴方对华投资余额为1 546万美元。截至2013年年末，中国对巴林直接投资存量为146万美元。2013年，中国企业没有在巴林新签承包工程和劳务合作合同，完成营业额265万美元。截至2015年年底，巴林对华累计投资额为1 561万美元。[③]

中国与巴林通过了以下几个双边或多边经济论坛发展经济关系：中国-巴林商业论坛，巴林工商业会，海湾合作委员会国家商工联合会，中华人民共和国商务部，巴林工商务部，中国-巴林联合投资论坛，中国国际贸易促进委员会，阿拉伯国家农工商总工会，以及阿拉伯商人联盟。中阿合作论坛也是一个有影响力的多边贸易论坛。2008年，巴林主办了第三届中阿合作论坛部长会议。其他的机构还有：中国-阿拉伯国家展览会，中国-海湾合作委员会合作论坛，中国（宁夏）国际投资与贸易展览会，中国-阿拉伯国家经贸论坛，以及中国-海合会国家经贸合作论坛。双方可以合作的机遇有：投资约8亿美元的巴林新国际机场，投资约300亿美元的海湾合作委员会国家间铁

---

① 中华人民共和国驻巴林王国大使馆经济商务参赞处网站，参见：http://bh.mofcom.gov.cn/article/zxhz/201609/20160901399271.shtml.

② 中华人民共和国驻巴林王国大使馆经济商务参赞处网站，参见：http://bh.mofcom.gov.cn/article/zxhz/201108/20110807711177.shtml.

③ 中华人民共和国驻巴林王国大使馆经济商务参赞处网站，参见：http://bh.mofcom.gov.cn/article/zxhz/201603/20160301269183.shtml.

路网络以及斥资80亿美元的巴林高铁网络。

中国和巴林签署了一系列双边协议，具体包括：两国政府文化合作协议（1991年10月）、两国卫生合作执行计划（1994年4月）、两国正式换文相互给予最惠国待遇（1995年11月）、两国航空运输协定（1998年2月）、香港特别行政区和巴林民航协定（1998年3月）、两国政府鼓励和相互保护投资协定（1999年6月）、两国互免国际空运税收协定（1999年6月）、中国银行和巴林货币局谅解备忘录（2002年3月）、中国政府向巴林王国派遣三名农渔专家项目的换文协定（2002年5月）、两国政府劳务合作及与劳务合作有关的职业培训合作协定（2002年5月）、两国政府关于对所得避免双重征税和防止偷漏税的协定（2002年5月）。

由于巴林的石油产量正在稳步减少，因此，巴林正在向后石油经济转型。巴林将继续保持海湾地区重要的商业与金融中心这一角色，加上无税政策，巴林有着域内最良好的商业环境。巴林没有企业税、个人所得税、资本利得税、代扣所得税，也没有对资本、收益或股息汇出的限制。因此，对于期望将业务扩展至海湾地区，甚至是伊拉克、也门等地的中国企业来说，巴林是理想的投资场所。巴林的主要中资企业有：

（1）华为技术有限公司，2009年将中东地区总部由迪拜迁至巴林，负责巴林、沙特阿拉伯等11个国家的业务；

（2）中兴通讯股份有限公司；

（3）巴林"龙城"，由中国中东投资贸易促进中心和巴林迪亚公司合作开发，2015年12月27日正式开业[1]；

（4）中国中东贸易投资促进中心；

（5）重庆国际复合材料有限公司；

（6）中国银行；

（7）中国建筑工程总公司；

（8）中国港湾工程有限公司；

（9）葛洲坝集团巴林分公司；

（10）沈阳远大铝业工程有限公司；

---

[1]　《人民日报》2015年12月28日讯。

（11）北京江河幕墙股份有限公司。

上述中资企业可以大致代表中国与巴林进行经济合作的主要领域，包括电子通信、制造业、贸易、基础设施建设。

（1）电子通信：巴林是中东电子通信行业的领头羊，是中东电信市场开放较早的国家。巴林有一家本国综合运营商——巴林电信公司，两大跨国移动运营商子网——Zain 和 VIVA，以及数家宽带、语音、服务提供商。巴林通信监管局连续两年获得中东非洲区域最佳监管机构。根据2013年的统计数据，巴林移动电话用户数量为225万人，渗透率达到182%；移动运营商3家；固定电话用户数量为25.7万人，渗透率为21%。2009年，华为技术公司将中东区域总部从迪拜迁往巴林，在巴林员工人数为500人，视为中东地区的大本营。华为技术公司在巴林经营良好，与巴林三家移动运营商建立了良好的合作关系，其中，与巴林无线电通信公司达成了谅解备忘录。华为在巴林积极开拓政府业务，发展个人客户，是巴林电信市场上最具竞争力的产品和解决方案提供商之一。[①]2008年3月30日，中华人民共和国驻巴林王国大使约见巴林广播电视机构执行总裁，双方就开展广电领域的合作、交换音频、视频材料，以增进两国人民的相互了解进行了会谈。2016年1月10日，巴林王储会见了华为副董事长兼轮值首席执行官时强调，推动电信行业发展是巴林实现可持续发展的重要组成部分。巴林已采取大量举措，吸引电信领域投资。同日，巴林交通与通信大臣会见华为副董事长兼轮值首席执行官员一行。

（2）制造业：2016年1月，中国政府发布的《中国对阿拉伯国家政策文件》，鼓励与阿拉伯国家进行产能合作，提出："坚持企业主体、市场主导、政府推动、商业运作的原则，对接中国产能优势和阿拉伯国家需求，与阿拉伯国家开展先进、适用、有效、有利于就业、绿色环保的产能合作，支持阿拉伯国家工业化进程。"为了实现2007年10月公布的《2030年巴林经济展望报告》，巴林对经济愿景进行了具体规划。在制造业和转口贸易合作规划中，巴林的自我定位是成为海湾北部的贸易门户，发挥对沙特阿拉伯东部、科威特市场转

---

① 商务部国际贸易经济合作研究院，商务部投资促进事业局，中国驻巴林大使馆经济商务参赞处：《对外投资合作国别（地区）指南·巴林》，2014年，第31页。

口作用，为此不断开放市场、降低运营成本。2013年，中国在宁夏回族自治区省会银川举办了中阿展览会。巴林国王、约旦国王以及其他阿拉伯国家首脑出席了本次会议，体现了他们对与中国开展经济双边关系的重视。来自30个阿拉伯语伊斯兰国家的约7 000名商人参加了这场历时五天的展览会。巴林-中国商业论坛也在本次展览会期间举行。在本次会议中，中方与阿拉伯国家签订了几个商务条约，其中包括生产玻璃纤维的巴林阿布侯赛因公司与中国重庆宝利通国际集团有限公司之间的协议。阿布侯赛因公司希望借助这次缔结的合作关系将年产量从3万吨提高至20万吨。阿布侯赛因公司坐落于巴林国际投资园中，与中国重庆宝利通国际集团有限公司一样，在玻璃纤维生产行业领先世界。

（3）贸易：《中国对阿拉伯国家政策文件》鼓励与阿拉伯国家进行贸易合作，支持更多阿拉伯国家非石油产品进入中国市场，不断优化贸易结构，努力推进双边贸易持续稳定发展。加强中阿经贸部门的交流与磋商，尽早完成中国－海湾合作委员会自由贸易区谈判并签署自贸协定。反对贸易保护主义，积极消除非关税贸易壁垒，通过友好协商妥善解决贸易纠纷和摩擦，逐步建立双边、多边贸易争端预警和贸易救济合作机制。 建造巴林龙城的迪亚尔·穆哈拉克建筑公司也与中国中东投资和贸易促进中心达成了谅解备忘录。龙城被设计为一个中国主题的零售商城，其中有了较多市场与商铺，总面积逾12万平方米。2010年3月，巴林主办了中国-海合会商业论坛。这对巴方来说是重要的双边会议，来自中国与海湾合作委员会成员的超过350名代表出席了本次会议。麦纳麦论坛旨在加强海湾合作委员会与中国的经济联系，推动双方经济信息的自由流动，并为双方创造合作机遇。预计到2020年，中国与海湾合作委员会的贸易额将突破5 000亿美元，双方资本的重点将汇流至战略部门，如石油与天然气部门。此外，石油化工、建筑业以及技术转让等部门将赋予中国与海湾合作委员会开展更深入、更广泛的合作关系的空间。中国与海湾合作委员会已经就自由贸易协定事宜进行了几年的谈判，中国企业进军巴林推动了洽谈的加速进行。海湾合作委员会已经与新加坡签订了自由贸易协定，与印度也有类似协议。在与海湾国家有关自由贸易协定的谈判中，中国与印度存在一定竞争关系，但是，巴林明显倾向于中国。巴林热切盼望海湾合作委员会发展与中国的关系，并积极努力推动双方自由贸易协定早日签订①。

（4）基础设施建设：中国企业在巴林进行基础设施建设，有助于去除国内过剩产能。同时，中资企业涉及房地产方面，也符合巴林长期规划中关于保障性住房的内容。中国港口工程公司是一个举世闻名的国际承包公司，在80个国家开展业务，年承包订单额达到100亿美元。2010—2011年，中国港口工程公司承建了巴林投资门户项目，包括公路建设，水力充填工作以及永久护岸工程。巴林阿卡发企业集团与中国建筑材料集团公司达成了谅解备忘录，后者向前者提供防水技术培训。2011年5月12日，中国驻巴林王国大使拜会住房部次大臣，双方就两国关系和开展住房建设合作等共同关心的问题进行了友好交谈。巴方盛赞中巴友谊，对中国建设成就颇为钦佩，强调巴林重视开展与中国在住房等领域的合作，希望通过互利合作，实现共同发展。②2016年10月9日，中国驻巴林大使应约会见巴林住房大臣哈默尔。哈默尔简要介绍了国王陛下访华以来，双方在住房领域合作进展情况及存在的问题；强调国王非常关心中国企业参与巴林保障性住房建设，非常看重中方在基础设施，特别是住房建设领域的丰富经验和强大金融实力。中国驻巴林大使表示中巴关系长期友好，作为访华成果之一，住房领域合作一直受到双方有关部门高度重视，中方愿鼓励有实力、有意愿的企业积极参与巴林保障性住房建设。中国使馆愿与巴林住房部就此保持沟通与协调。③

（5）能源产业：《中国对阿拉伯国家政策文件》指出，"在互惠互利基础上开展合作，推动并支持中阿在石油、天然气领域，特别是石油勘探、开采、运输和炼化方面的投资合作，推动油田工程技术服务、设备贸易、行业标准对接。加强在太阳能、风能、水电等可再生能源领域的合作。共同建设中阿清洁能源培训中心，全面推动双方在

---

① Muhamad S. Olimat, *China and the Middle East: Since World War Ⅱ—— A Bilateral Approach*, Lanham, Lexington Books, 2014, pp.41.

② 中华人民共和国驻巴林王国大使馆网站，参见：http://bh.china-embassy. org/chn/zbgx/t822106.htm.

③ 中华人民共和国驻巴林王国大使馆网站，参见：http://bh.china-embassy. org/chn/zbgx/t1404326.htm.

相关领域的合作"。1932年，巴林发现了石油，由此成为海湾地区第一个石油生产国。1936年，巴林第一个石油加工厂建立，巴林成为石油工业的领跑者。然而，时过境迁，巴林石油产量锐减，如今产量低至每日4.8万桶，在海湾国家中居于末位。中国石油天然气集团有限公司（简称中国石油）在伊拉克与伊朗有着丰富的修复油田的经验，使得修复过的油田产量成三倍增加。因此，巴林寄希望于依靠中国石油提高石油产量。巴林每天从萨阿法油田（巴林与沙特阿拉伯共同经营）分得15万桶石油，直接销往国际市场。巴林国内产出的石油则被加工冶炼并单独出口至亚洲市场。巴林长期经济规划中还包括炼油厂扩建规划以及海湾石化公司扩建规划。巴林斥资提升石油加工能力，力图从26.7万桶/日提升至45万桶/日。这项计划从2015年开始实施，计划在2019年完成。2013年9月访华期间，巴林国王哈马德鼓励中国石油企业在巴林进行能源投资。中国企业积累了丰富的专业技术经验，如扩大锡特拉炼油厂的生产能力。中国石油与中国石化（全称中国石油化工集团公司）在建造输油管道方面以效率、速度以及不误工期而著称，其在哈萨克斯坦、俄罗斯、阿拉伯联合酋长国与沙特阿拉伯开展的项目都严格按时交工。中国石油在发展环境友好型石油工业方面建树颇深。巴林的石油加工厂临近城市，因此这个国家急需水平最为先进的环境友好型石油加工技术，以减少污染并更为高效地利用资源。基于以上原因，中国企业在巴林石油行业大有可为。巴林还有能够满足本地需求的天然气工业。巴林石化公司的宗旨是管理运营完整的石油与天然气贸易，向国际与本土市场供应原油、石油化工产品与天然气。巴林政府认为，中国似乎忽视了巴林的石油部门，在沙特阿美石油公司的支持下，加上巴林本土石油生产能力的提升，巴林的石油与天然气部门将重新吸引到中国的目光。此外，开放的经济与免税政策促使国际企业，尤其是中国企业在巴林斥以巨资。中国企业还在风能、太阳能与民用核能领域见长，巴林对可再生的清洁能源也非常感兴趣[1]。

    除此之外，中国与巴林可以展开深入合作的领域还包括旅游业和金融业。

---

[1]   Muhamad S. Olimat，*China and the Middle East：Since World War* II——*A Bilateral Approach*，Lanham，Lexington Books，2014，pp.44.

然而，中巴经贸合作中也存在一些问题。中国企业在阿拉伯地区的投资本身存在投资领域较为单一，民营投资水平不高，以市场开拓、工程承包为主；且易受到投资目标国基础设施建设、营商环境与政治社会稳定等因素制约[1]。就巴林来说，虽然作为众所周知的低赋税国家，但是巴林对于劳动力雇佣实行巴林化政策，外资企业想要在巴林立足，就必须按规定招聘一定比例的巴林本土公民。然而，就专业技术与薪酬条件来说，雇用巴林公民不如外籍劳工对企业更有利。巴林对外资企业可以投资的行业限制也对中国企业在巴林的发展构成一定的制约，企业所有权面临法律风险。货运价格受季节影响波动，增加了企业的运营成本。此外，由于人民币汇率改革，中国制造的成本优势可能受到挑战[2]。

第三节　"一带一路"在巴林产生的反响

2016年1月，中国政府发布的《中国对阿拉伯国家政策文件》在鼓励投资规划中再次强调"一带一路"建设，要求坚持三项原则，即共商、共建与共享，构建以能源合作为基础，以基础设施建设和贸易投资为辅助，以新能源、核能和航天卫星三大高科技领域为新突破口的合作格局。

2016年5月，中国外交部部长参加中阿合作论坛时，发表了《抓住共建"一带一路"机遇，推进中阿战略合作关系》的署名文章，指出"一带一路"在阿拉伯国家形成新的交汇，把亚洲大陆两端连接起来，中阿全方位合作进入新阶段。中方愿在共建"一带一路"框架下，与阿方开展基础设施互联互通，加强发展战略衔接沟通，促进文化文明互融互通，把互利合作的蛋糕不断做大，打造助力"中国梦"

---

① 刘桓：《中国在阿拉伯国家直接投资的影响因素及投资建议》，《中国物价》2016年第2期，第82~83页。

② 中华人民共和国驻巴林王国大使馆经济商务参赞处网站，参见：http://bh.mofcom.gov.cn/article/ztdy/201507/20150701044766.shtml.

和阿拉伯民族复兴的广阔平台。①

迄今为止，"一带一路"建设在沿线国家取得了良好的口碑与成效。巴林扼守南亚次大陆与波斯湾之间传统商路，是"一带一路"建设在海湾地区重要的合作伙伴。中巴双方在政治、贸易投资、社会发展、文化教育以及安全等领域都展开了广泛且深入的合作。政治领域的合作包括高层互访，国际事务合作以及双方主权、领土问题的相互支持，其中坚持一个中国原则是前提。贸易投资领域涉及金融、旅游、制造、基础设施建设、电子通信、能源、批发与零售等行业。社会发展领域重点关注农业、科学技术、共同应对全球气候问题等。中方曾向巴林派出多名农业技术专家，与之进行合作。文化教育领域包括设立奖学金，派出留学生以及在巴林开设孔子学院等。安全领域涉及军事人员的交流，武器装备的合作以及地区安全与反恐等问题上的合作。

"一带一路"倡议在巴林王国产生了十分积极的反响，巴林对与中国进行全方位的合作报以极大热情。2014年10月23日—24日，第六届中国对外投资合作洽谈会在北京展览馆举行。巴林经济发展委员会以"捷足先登，赢得1.5万亿美元海湾市场""'一带一路'交汇点"为标语，进行招商。参加此次洽谈会的巴林代表团由巴林交通部部长兼巴林经济发展委员会代理首席执行官率领。他表示，"一带一路"联通中国与阿拉伯国家，再从中东延伸向欧洲、非洲。巴林正是中国企业进入海湾地区的门户……巴林坚定支持中国提出的"一带一路"愿景，即在阿拉伯世界与中国之间建立一个利益共同体。通过合作，我们可以逐步实现这一愿景并帮助众多企业对快速发展的海湾国家合作委员会市场进行利用②。

2015年10月，巴林经济发展委员会首席执行官表示，巴林政府希望继续深化与中国的合作，并坚定支持中国"一带一路"倡议。巴林希望发挥良好的区域和商业投资环境优势，成为中国企业进入海湾市场的门户③。

---

① 中华人民共和国驻巴林王国大使馆网站，参见：http://bh.china-embassy. org/chn/zbgx/t1365462.htm.

② 《国际商报》2014年10月28日讯。

③ 《经济日报》2015年10月23日讯。

2016年8月24日，中华人民共和国驻巴林王国大使与巴林首都省省长会晤。双方肯定了中方"一带一路"倡议与巴林2030发展愿景的对接，双边关系正进入全面发展的快车道。特别是近年来两国地方间交流合作成果丰硕，麦纳麦市与中国深圳市、武汉市和银川市加强友好交流合作，有力推动了两国关系发展。[①]

官方的合作带动了企业投资，特别是城市间友好合作的建立，为中巴两国友谊开辟了新的维度。2016年9月4日，在巴林经济发展委员会的邀请下，中国深圳市市长率领的深圳市代表团访问巴林。双方共同签署了《深圳与麦纳麦友好交流合作备忘录》，涉及进一步拓展和深化双方在经济、教育、卫生、文化等领域的合作。5日，巴林王储、首相与深圳代表团会晤。王储表示欢迎中方来巴投资，首相指出巴方希望在相互尊重基础上，进一步扩大与中国在政治、经济、文化等领域的合作，并强调巴方已做好准备，为推动中方对巴林投资提供便利。当日，中国（深圳）-巴林经贸投资合作论坛在巴林举行。巴林经济发展委员会与中国企业签署多项合作备忘录，包括与深圳星河学院签署支持创新和创业备忘录，拟在巴林建立孵化器，为两国中小企业创业提供融资；与华为技术公司驻巴林代表处签署信息通信技术（ICT）人才培养合作备忘录；并向中国国际海运集装箱集团公司（CIMC）授牌，同意其在巴林设立保温车生产企业。[②]9月29日，华为（巴林）技术公司宣布启动当年第二期实习项目，为巴林各大学应届毕业生提供通信行业技能培训，是华为利用技术人才优势为当地社会提供的服务之一。[③]11月18日，华为（巴林）技术公司举行首届"未来种子"项目颁奖仪式，全额资助8名巴林青年学生赴华游学两周，学习中国历史文化与现代通信技术发展。11月15日，巴林首都省省长率领商务代表团访问深圳并出席第十八届中国国际高新技术成果交易会。此行表明巴方致力于加强对华关系，推动双边合作，造福两国和

① 中华人民共和国驻巴林王国大使馆网站，参见：http://bh.china-embassy.org/chn/blxw/t1391813.htm.

② 中华人民共和国驻巴林王国大使馆网站，参见：http://bh.china-embassy.org/chn/blxw/t1395480.htm.

③ 中华人民共和国驻巴林王国大使馆网站，参见：http://bh.china-embassy.org/chn/blxw/t1402728.htm.

两国人民。巴林经济发展委员会首席执行官表示，巴林期待中国的投资，为海合会国家提供新的发展机遇。作为全球经济增速最快的国家之一，中国将带动海湾合作委员会高科技领域的强劲增长。2014—2015年，巴林经济发展委员会连续两年组织巴林商务代表团访华，并与中方签署了28项合作协议。[1]

2016年9月26日，为促进旅游业发展，吸引更多中国游客前往巴林观光，巴林内阁每周例会审议通过《中巴互免持外交、公务护照者短期签证协议（草案）》。2016年11月10日，巴林内政部负责国籍、护照、居留事务次大臣表示，中国澳门已成为第114个可在巴林办理落地签的地区。中国澳门特别行政区居民可在巴林机场港口办理落地签证入境，亦可通过在线申请电子签证或到巴林驻华使馆申办签证。[2]

2016年11月13日，巴林首相哈利法会见（中国香港）信德集团有限公司董事总经理兼中国全国工商联旅游业商会副会长、（中国澳门）世界旅游经济论坛秘书长。会晤期间，哈利法强调，巴林致力于与中国加强各领域合作，特别是推动私营部门投资巴林旅游业。17日，巴林-深圳经贸合作论坛在深圳举行，巴林经济发展委员会与深圳市招商局、创新投资集团有限公司、比亚迪股份有限公司等签署合作备忘录。巴林龙城管理公司与中国手工艺品工作委员会签订协议。深圳能源合作有限公司表达了在巴林投资5 000万美元，设立污水处理厂的意愿。巴林交通与通信部、商工会、主权投资基金等部门分别派代表参加。[3]

除官方、民间的政治与经贸互动外，巴林媒体的报道反映了巴林社会各界对中国的关注。巴林媒体对中国的关注主要集中在政治、经济、军事、外交以及中国在国际事务中所发挥的作用等方面。

巴方媒体对中国在国际舞台上的作用非常瞩目。2016年7月6日，巴林最主要的英文媒体《海湾日报》以《中国经济增长进入新

---

[1] 中华人民共和国驻巴林王国大使馆网站，参见：http://bh.china-embassy. org/chn/blxw/t1415694.htm.

[2] 中华人民共和国驻巴林王国大使馆网站，参见：http://bh.china-embassy. org/chn/blxw/t1414404.htm.

[3] 中华人民共和国驻巴林王国大使馆网站，参见：http://bh.china-embassy. org/chn/blxw/t1417038.htm.

常态》为题，在商务版整版摘要刊发中国国务院总理李克强在第十届夏季达沃斯论坛开幕式上的致辞。文章强调，虽然中国经济面临较大的下行压力，但有决心和能力战胜困难，将坚持以创新引领经济转型升级，积极推进结构性调整，提高对外开放水平。该文章对中国经济发展的光明前景充满信心，在巴林引起了积极、强烈的反响。8月24日，巴林主要媒体发表了中华人民共和国驻巴林王国大使撰写的《共商经济合作大计，共襄全球发展盛举》署名文章。文章中关于中国为推动世界经济增长做出的贡献，在杭州举办的G20峰会做出的充分准备在巴林社会各界引起广泛关注和积极反响。9月4日，巴林《海湾消息报》《每日论坛报》分别以《中美共同加入气候协定》《转折点》为题，报道了中国国家主席习近平同美国总统、联合国秘书长在杭州共同出席气候变化《巴黎协定》批准文书交存仪式。报道和评论称，中美联合行动得到国际社会普遍好评，认为此举发出强烈信号，表明全球将采取实际行动共同应对气候变化，并指出，中美同时批准和接受《巴黎协定》具有历史性意义。9月5日，巴林《海湾日报》以《中方警告保护主义威胁世界经济》为题报道习近平在杭州G20领导人第十一次峰会上的开幕辞，同日，《每日论坛报》以《习近平主席推动金砖国家维护国际公平正义》为题报道习近平4日在杭州出席金砖国家领导人非正式会晤时的发言。①

---

① 中华人民共和国驻巴林王国大使馆网站，参见：http://bh.china-embassy.org/chn/blxw/t1394800.htm.

参考文献

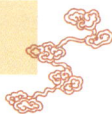

［1］ 韩志斌. 列国志·巴林. 北京：社会科学文献出版社，2014.

［2］ 黄进，宋连斌，徐前权. 仲裁法学：2002年修订版. 北京：中国政法大学出版社，2002.

［3］ 李霖. 国际军火贸易. 北京：解放军出版社，1998.

［4］ 肖扬. 当代司法体制. 北京：中国政法大学出版社，1998.

［5］ 英国伦敦国际战略研究所. 军事力量对比(2005). 北京：国防大学出版社，2005.

［6］ 英国伦敦国际战略研究所. 军事力量对比(2006). 北京：国防大学出版社，2006.

［7］ 钟志成. 中东国家通史·海湾五国卷. 北京：商务印书馆，2007.

［8］ 麦秀闲. 伊斯兰仲裁的基础与特征. 阿拉伯世界研究，1999(2)：36-38.

［9］ 夏凉. 巴林传统工业的现状与保护. 阿拉伯世界研究. 1999(2)：27-28.

［10］ HUWAIDIN M B. China's Relations with Arabia and the Gulf, 1949-1999. London：Routledge Curzon，2001.

［11］ GUZANSKY Y. The Arab Gulf States and Reform in the Middle East：Between Iran and the "Arab Spring". London：Palgrave Macmillan UK，2015.

［12］ Bahrain National Liberation Front Statement on Current Suppression. Merip Reports，1975(41)：22-23.

［13］ QUARTERLY A L. Bahrain：Recent Developments. Arab Law Quarterly，1994，9(1)：22-25.

［14］ EDENS C. Dynamics of Trade in the Ancient Mesopotamian "World System". American Anthropologist, 1992, 94(1): 118-139.

［15］ QUARTERLY A L Constitution: State of Bahrain. Arab Law Quarter-ly, 1995, 10(1): 92-111.

［16］ CASPERS ECLD. A Copper-Bronze Animal in Harappan Style from Bahrain: Evidence of Mercantile Interaction. Journal of the Econom-ic and Social History of the Orient, 1987, 30 (1): 30-46.

［17］ QUBAIN F I. Social Classes and Tensions in Bahrain. Middle East Jour-nal, 1955, 9(3): 269-280.

［18］ MADANY I M, ALI SM, AKHTER MS. Note on the Expansion of Higher Education in Bahrain.Higher Education, 1988, 17(4): 411-415.

［19］ AHMED J S. Enforcement of foreign judgements in some Arab Coun-tries: Legal provisions and Court Precedents: Focus on Bahrain. Ar-ab Law Quarterly, 1999, 14(2): 169-176.

［20］ STORK J. Bahrain's Crisis Worsens. Middle East Report, 1997 (204): 33-35.

［21］ SAKR N. Reflections on the Manama Spring: Research Questions Arising from the Promise of Political Liberalization in Bahrain. Brit-ish Jour-nal of Middle Eastern Studies, 2001, 28(2): 229-231.

［22］ QUARTERLY A L. Recent Developments in Bahrain. Arab Law Quartly, 1992, 7(4): 292-294.

［23］ HUSSAIN S H, MALLIN C. Corporate Governance in Bahrain. Cor-porate Governance An International Review, 2002, 10(3): 197-210.